MODELAGEM PLANA FEMININA

Editora Senac São Paulo – São Paulo – 2017

Gerente/Publisher: Jeane Passos de Souza (jpassos@sp.senac.br)
Coordenação Editorial/Prospecção: Luís Américo Tousi Botelho (luis.tbotelho@sp.senac.br)
Márcia Cavalheiro Rodrigues de Almeida (mcavalhe@sp.senac.br)
Administrativo: João Almeida Santos (joao.santos@sp.senac.br)
Comercial: comercial@sp.senac.br

Coordenação Técnica: Marilda Vendrame – Centro de Moda e Beleza, Senac Rio
Acompanhamento Técnico-Pedagógico: Valéria Delgado
Pesquisa e Desenvolvimento de Conteúdo: Paulo de Tarso Fulco
Desenho Técnico: Rosa Lúcia de Almeida Silva
Ilustração: Vivian Moraes Machado
Projeto Gráfico e Diagramação: Olívia Ferreira e Pedro Antônio Garavaglia
Revisão: Elisa Sankuevitz

Dados Internacionais de Catalogação na Publicação (CIP)
(Jeane Passos de Souza – CRB 8ª/6189)

SENAC. Departamento Nacional.
Modelagem plana feminina / Departamento Nacional do Serviço Nacional de Aprendizagem Comercial. – São Paulo : Editora Senac São Paulo, 2017.

Bibliografia
ISBN 978-65-5536-251-0 [Venda internacional]

1. Moldes e desenhos femininos 2. Modelagem feminina : Moda 3. Vestuário : Moldes femininos I. Título.

17-494s CDD-391.1
646.4
BISAC CRA009000

Índice para catálogo sistemático:
1. Moda : Moldes femininos 391.1
2. Vestuário : Moldes femininos 646.4

Editora Senac São Paulo
Rua 24 de Maio, 208 – 3º andar – Centro – CEP 01041-000
Caixa Postal 1120 – CEP 01032-970 – São Paulo – SP
Tel. (11) 2187-4450 – Fax (11) 2187-4486
E-mail: editora@sp.senac.br
Home page: http://www.livrariasenac.com.br

NOTA DO EDITOR

A moda brasileira é um mercado de trabalho forte e competitivo, que exige profissionais bem-preparados e informados. Por isso, muitas pessoas interessadas em ingressar nessa atividade – e mesmo profissionais que já trabalham na área de moda – buscam se especializar e aprimorar seus conhecimentos.

Como resultado dessa profissionalização e de todo o investimento que vem sendo feito, o talento e a criatividade de nossos estilistas têm sido reconhecidos não só no mercado interno como também em passarelas e vitrines internacionais.

Mas, infelizmente, alguns aspectos técnicos ainda carecem de maiores estudos e publicações especializadas.

Na área de modelagem, por exemplo, mantém-se uma situação de dependência de métodos e moldes estrangeiros que, em sua maioria, não atendem aos padrões físicos dos brasileiros, em especial da silhueta feminina.

Pensando nisso, o Centro de Moda e Beleza do Senac Rio, a partir de pesquisas realizadas no Brasil e no exterior, criou o seu Método de Modelagem, uma ferramenta inédita e exclusiva para o desenvolvimento de referências metodológicas em modelagem brasileira.

Neste livro, o professor Paulo Fulco utiliza toda sua experiência em sala de aula, bem como suas pesquisas técnicas, para mostrar aos profissionais do setor a aplicação desse método.

Com esta publicação o Senac São Paulo tem como objetivo facilitar o trabalho no segmento de confecções e aprimorar a formação de novos profissionais.

SUMÁRIO

TABELA DE MEDIDAS

Tabela de medidas é um conjunto de medidas necessárias para a construção das bases de modelagem.

As tabelas de medidas são baseadas em médias calculadas a partir de medidas tiradas em um determinado número de pessoas. Com isso percebemos que é praticamente impossível encontrarmos uma só pessoa que possua exatamente todas as medidas da tabela. Porém, em escala industrial não teríamos outra maneira de trabalhar, a não ser padronizando as medidas.

Vamos encontrar diferentes tabelas de medidas. De país para país essas tabelas podem variar de acordo com o tipo físico da população. No nosso caso, no Brasil, podemos ter também várias tabelas diferentes, de acordo com a região do País. Podemos ainda encontrar variações de determinadas medidas considerando diferentes faixas etárias.

A seguir vamos ver a tabela de medidas utilizada e a explicação de como essas medidas foram tomadas no corpo usando uma fita métrica.

1. **Busto** – Medida de contorno do corpo na altura dos mamilos.
2. **Cintura** – Medida de contorno na altura da cintura. Geralmente essa altura fica a 2,0 cm acima do umbigo. A medida deve ser tirada com uma fita amarrada na cintura, que servirá também de guia para as medidas de altura tomadas em relação à cintura.
3. **Quadril** – Medida de contorno na altura onde o quadril é mais saliente. Geralmente 20,0 cm abaixo da cintura.
4. **Pescoço** – Medida de contorno na base do pescoço.
5. **Tórax** – Medida de contorno acima do busto e logo abaixo das axilas. É geralmente bem menor que a medida do busto. A diferença entre o busto e o tórax vai determinar a profundidade da pence do busto na base do corpo, quando quisermos trabalhar sob medida. No nosso caso, de acordo com a tabela de medidas, essa diferença é sempre 4,0 cm fazendo com que a pence permaneça com a mesma medida em todos os manequins.
6. **Braço** – Medida de contorno do braço logo abaixo da axila.
7. **Punho** – Medida utilizada para o traçado da base da manga. Nesse caso medimos o contorno da mão em vez do punho (pulso) propriamente dito. A medida é tirada na parte mais larga da mão, com os dedos esticados e o polegar encostado à palma. Dessa forma temos a medida mínima que a boca da manga precisa ter para vestir sem a necessidade de qualquer abertura.
8. **Altura das costas** – Medida de altura, no centro das costas, entre a base do pescoço e a linha da cintura.

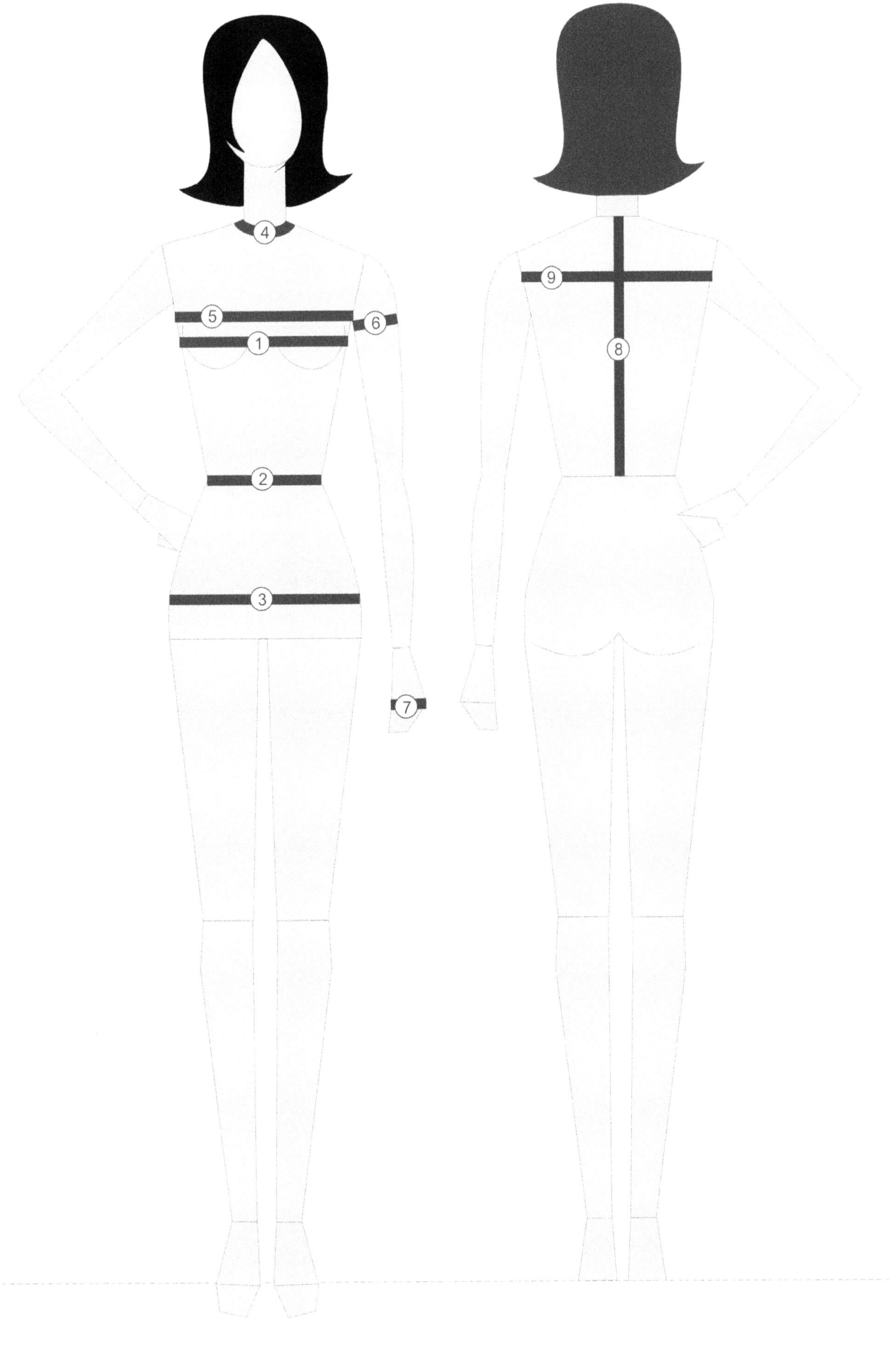
4
5
6
1
2
3
7
9
8

9. **Largura das costas** – Distância entre as cavas nas costas tomada numa altura correspondente à metade da altura entre o ombro e a dobra da axila. A medida deve ser tirada com os braços cruzados na frente.
10. **Distância do busto –** Distância entre os mamilos.
11. **Altura do busto** – Distância entre a linha da cintura e a linha do busto (mamilo).
12. **Comprimento da manga** – Distância entre o ombro e o punho tomada com o braço dobrado num ângulo de 90°.
13. **Altura do quadril** – Distância entre a linha da cintura e a linha do quadril, tomada pela lateral.
14. **Comprimento da saia** – Corresponde à altura do joelho. É a distância entre a linha da cintura e a linha do joelho, tomada pela lateral.
15. **Comprimento da calça** – Distância entre a linha da cintura e o chão, tomada pela lateral com a pessoa descalça.
16. **Altura da entreperna** – Distância entre a virilha e o chão. A medida é tomada colocando-se uma régua encostada na virilha, perpendicular ao chão e medindo-se essa distância.
17. **Altura do gancho** – É a diferença entre a medida 15 (comprimento da calça) e a medida 16 (altura da entreperna).

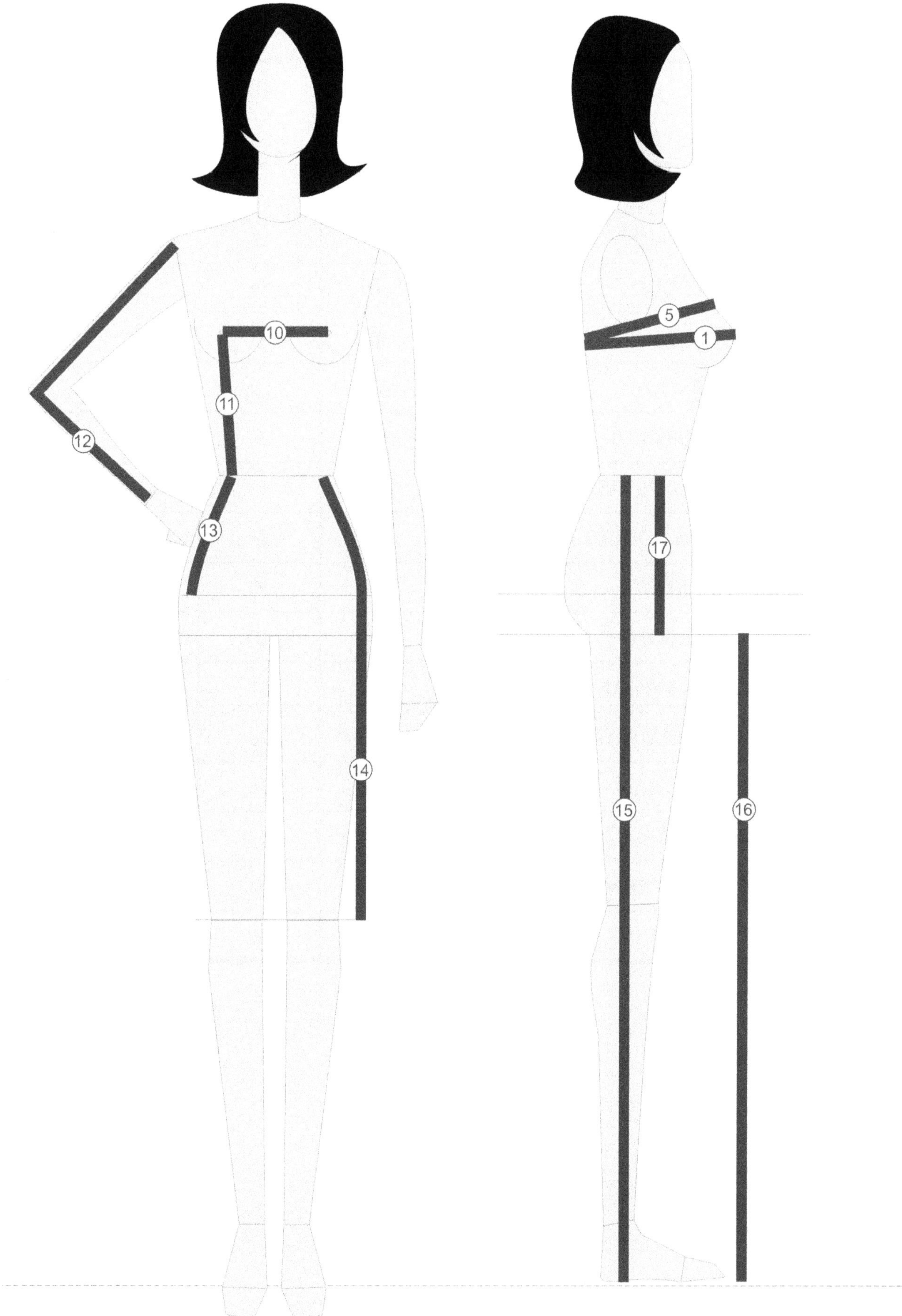
10
11
12
13
14
5
1
17
15
16

TABELA DE MEDIDAS (em centímetros)

		36	38	40	42	44
1	BUSTO	80	84	88	92	96
2	CINTURA	60	64	68	72	76
3	QUADRIL	88	92	96	100	104
4	PESCOÇO	33	34	35	36	37
5	TÓRAX	76	80	84	88	92
6	BRAÇO	24	25.5	27	28.5	30
7	PUNHO (MÃO)	18	19	20	21	22
8	ALTURA COSTAS	41	41.5	42	42.5	43
9	LARGURA COSTAS	34	35	36	37	38
10	DIST. BUSTO	17	18	19	20	21
11	ALT. BUSTO	18	18	18	18	18
12	COMPR. MANGA	59	59.5	60	60.5	61
13	ALTURA QUADRIL	20	20	20	20	20
14	COMPR. SAIA	57	57.5	58	58.5	59
15	COMPR. CALÇA	98	99	100	101	102
16	ALT. ENTREPERNAS	73.5	73.75	74	74.25	74.5
17	ALT. GANCHO	24.5	25.25	26	26.75	27.5

BASES

As **bases** de modelagem são usadas como ponto de partida para executarmos a modelagem de qualquer peça.

A partir delas, podemos fazer a interpretação do modelo desejado, transferindo pences, criando recortes, acrescentando folgas etc. Em seguida, colocamos as margens para as costuras e bainhas e todas as informações necessárias ao corte e à montagem da peça, incluindo a linha do "fio" e marcações diversas (pontos de encaixe, bainhas, pences, pregas, franzidos, etc.). Geralmente, essas marcações são feitas através de pequenos piques ou furos nos moldes.

Uma **modelagem industrial** é um conjunto de moldes de todas as partes que compõem o modelo a ser executado. Cada parte da modelagem deve conter informações necessárias para ser devidamente identificada, tais como referência do modelo, nome da parte da modelagem (frente, gola, punho, etc.), tamanho do manequim e número de vezes a ser cortada no tecido. Além dos moldes necessários para o corte no tecido, muitas vezes a modelagem ainda inclui outros moldes, denominados **bitolas**, que servem para marcar linhas de costuras, posições ou tamanhos de bolsos, marcações de casas e botões, etc.

Peça-piloto é o nome dado à primeira peça executada de um determinado modelo. A modelagem desta peça é feita de acordo com a tabela de medidas no tamanho base escolhido (tamanho 40, p.ex.). Uma pessoa que possua o padrão de medidas do tamanho base é usada para provar a peça-piloto. Esta pessoa é chamada de **modelo de prova**.

A partir da prova da peça-piloto no modelo de prova, podemos avaliar se ela está no tamanho correto e com a forma e o caimento desejado. Durante a prova, fazemos as marcações de todos os acertos necessários na peça. A seguir, passamos os acertos marcados para os moldes, corrigindo assim a modelagem. É conveniente que seja cortada e montada uma nova peça-piloto para conferirmos se os acertos na modelagem saíram corretamente.

Somente após aprovarmos a peça-piloto é que iremos fazer a **graduação** dos tamanhos. A graduação é feita geometricamente, de acordo com as variações da tabela de medidas, a partir da modelagem pronta no tamanho base. Como a modelagem da peça-piloto aprovada já possui margens para as costuras e bainhas, isso será automaticamente passado aos outros tamanhos quando graduarmos os moldes.

A seguir vamos ver o traçado das principais bases. Não iremos estudar nenhum modelo específico, somente as principais bases e algumas variações necessárias para a execução de modelagens para a maioria dos modelos.

As bases que serão apresentadas pretendem vestir o corpo de forma muito ajustada, sem o acréscimo de folgas. Desse modo, na hora de interpretarmos os modelos, poderemos ter uma boa noção da forma do corpo, o que nos facilitará a eleger o valor das folgas e acréscimos necessários à modelagem de acordo com o modelo apresentado. Apesar disso, ainda haverá casos em que serão necessários ajustes, tais como decotes ou cavas muito pronunciados ou cortes ajustados abaixo do busto, por exemplo.

Porém, na maioria das vezes, não será possível usarmos as bases sem alguma folga o que produziria uma roupa muito ajustada impedindo, inclusive, os movimentos de quem a vestisse.

As bases são traçadas pela metade e nunca poderemos esquecer que não incluem margens para as costuras, o que deverá ser acrescentado no final da interpretação de cada uma das partes da modelagem.

BASE DE SAIA

BASE DE SAIA RETA (manequim 40)

Quadril = 96,0 cm
Cintura = 68,0 cm
Altura do quadril = 20,0 cm
Comprimento da saia = 58,0 cm

OBS.: As medidas entre parênteses utilizadas no traçado correspondem ao manequim 40. As demais medidas que não estão entre parênteses servem para todos os manequins da tabela.

Traçar o retângulo base com largura igual à metade do quadril (48,0 cm) e altura igual ao comprimento da saia (58 cm).

FIG. 1

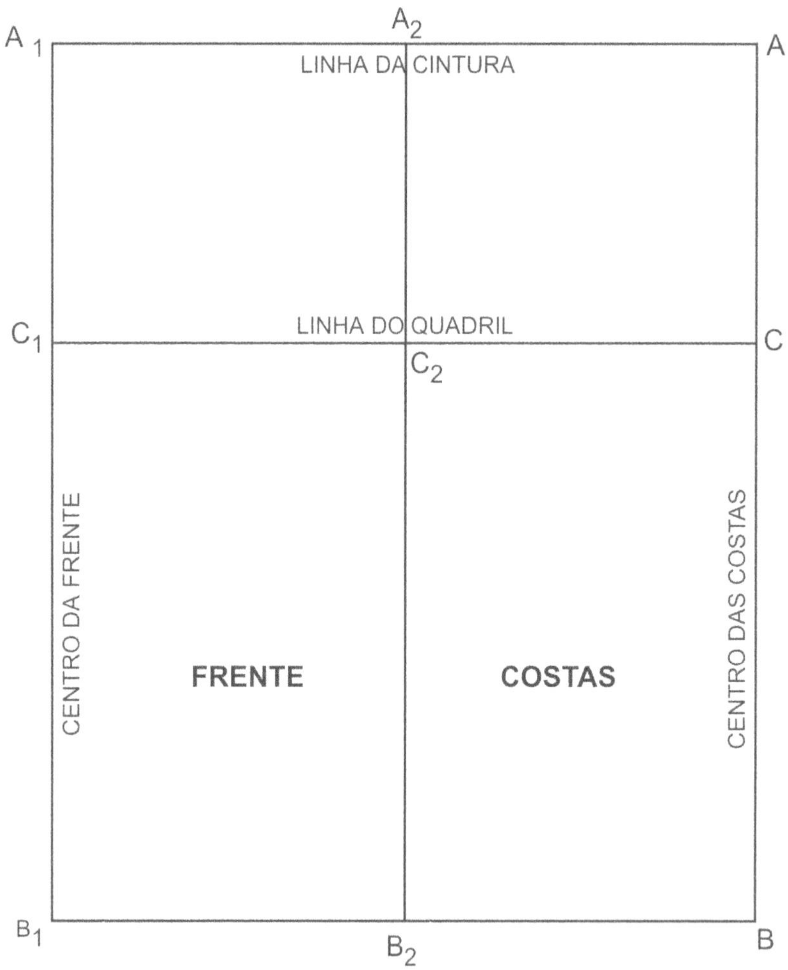

A – C ↓ altura do quadril (20,0 cm)

A1 – C1 ↓ = **A – C** (20,0 cm)

A – A2 ← 1/2 **A – A1** (24,0 cm)

B – B2 ← = **A – A2** (24,0 cm)

FIG. 2

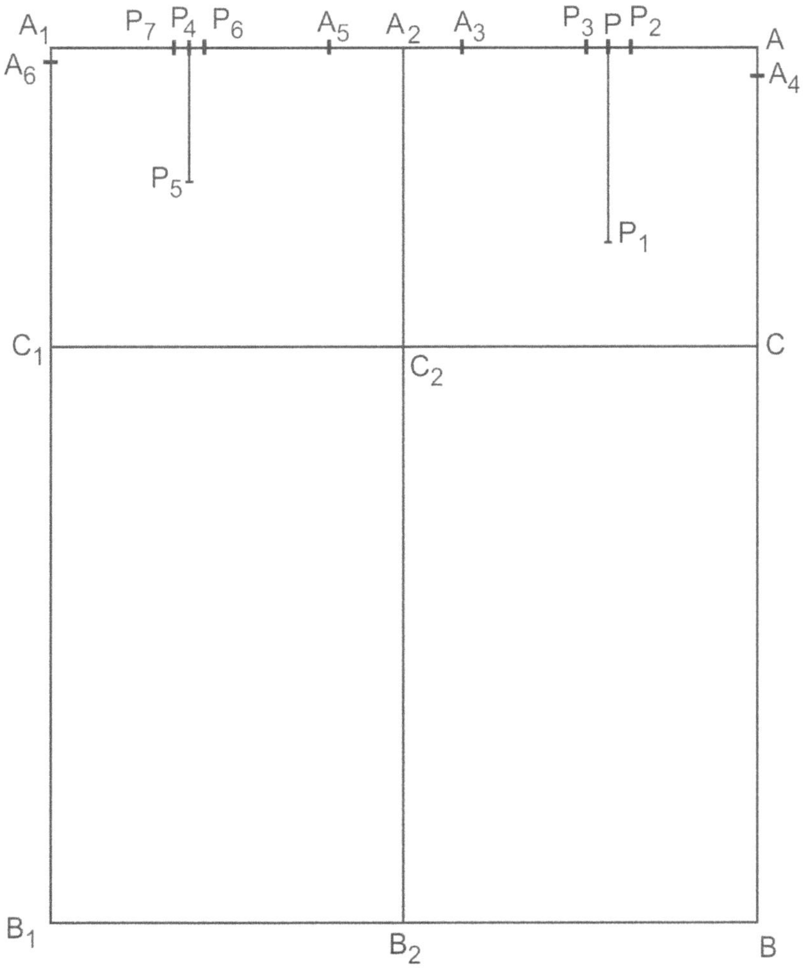

A – A3 ← 1/4 da cintura + 3,0 cm (profundidade da pence das costas) (20,0 cm)

A – A4 ↓ 2,0 cm

A – P ← 1/2 **A – A3** (10,0 cm)

P – P1 ↓ 13,0 cm (altura da pence das costas)

P – P2 → 1,5 cm

P – P3 ← 1,5 cm

A1 – A5 → 1/4 da cintura + 2,0 cm (profundidade da pence da frente) (19,0 cm)

A1 – A6 ↓ 1,0 cm

A1 – P4 → 1/2 **A1 – A5** (9,5 cm)

P4 – P5 ↓ 9,0 cm (altura da pence da frente)

P4 – P6 → 1,0 cm

P4 – P7 ← 1,0 cm

FIG. 3

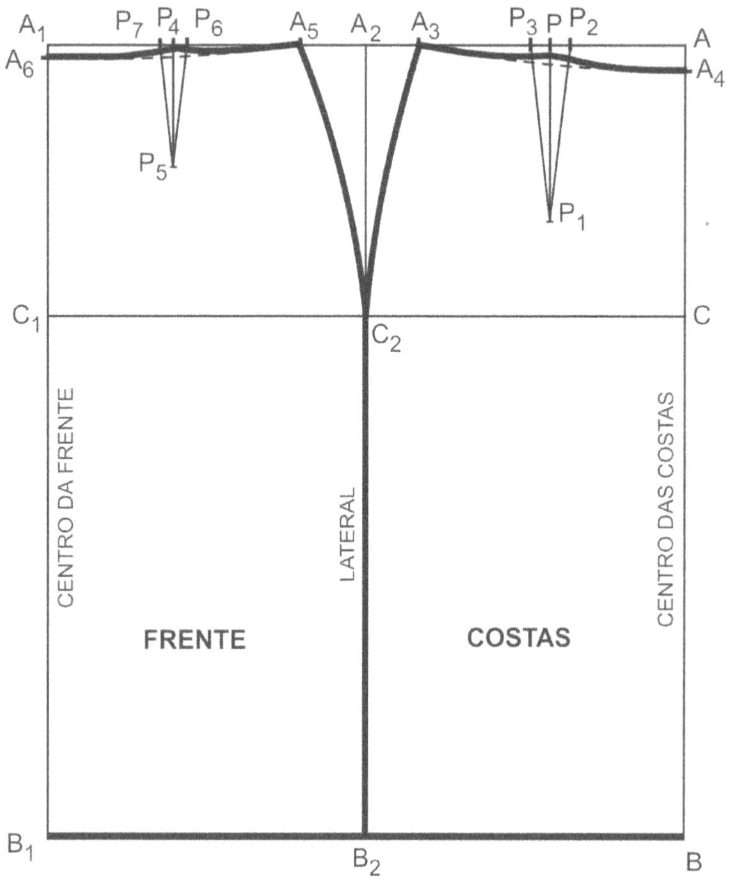

Ligar os pontos do traçado conforme a fig. 3, definindo o contorno.

Recortar separando frente e costas.

Antes de recortar a linha da cintura, fechar as pences da frente e das costas, dobrando o papel e refazendo a curva conforme as figs. 4 e 5.

FIG. 4

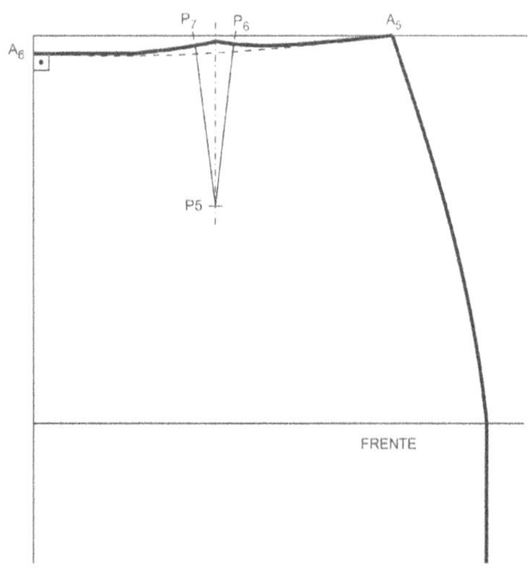

FIG. 5

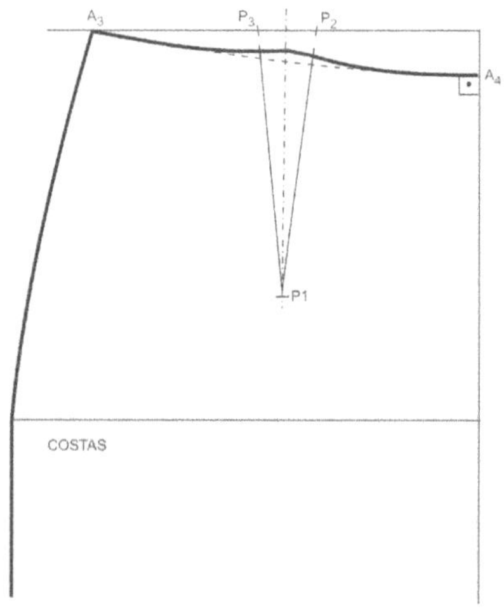

SAIAS EVASÊ

São saias que abrem uma pequena roda para baixo. Como a largura não é muito grande, não formam gomos na barra. Podem ser cortadas de várias maneiras, podendo ter várias costuras para dar forma à saia.

SAIA EVASÊ - PRIMEIRO PROCESSO

Usar a base de saia reta separando os moldes em frente e costas.

FRENTE

Prolongar a linha de barra à direita do ponto **B2** com a medida desejada. No nosso exemplo vamos usar 4,5 cm.

FIG. 1

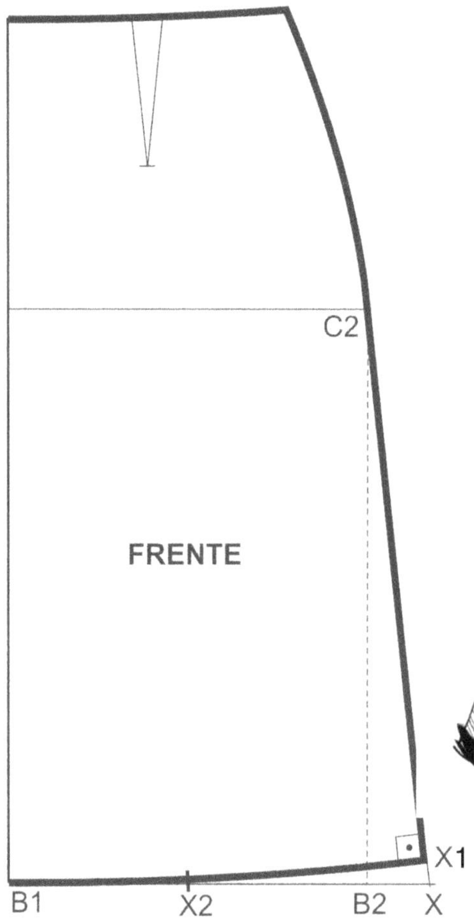

B2 – X → 4,5 cm

Ligar o ponto **X** à curva do quadril, concordando as linhas de modo a não formar ângulo. O ponto de união geralmente é um pouco acima do ponto **C2**.

X – X1 ↖ 1,0 cm

B1 – X2 → 1/2 **B1 – B2** (12,0)

Ligar **X1** e **X2** em curva suave, concordando em **X2** com a reta que vem de **B1** e de forma que em **X1** forme um ângulo reto com a nova linha de lateral da saia.

COSTAS

Da mesma forma que na frente, prolongar em **B2** para a esquerda, marcando a abertura desejada, isto é, a mesma medida utilizada na frente (4,5) e procedendo da mesma maneira.

FIG. 2

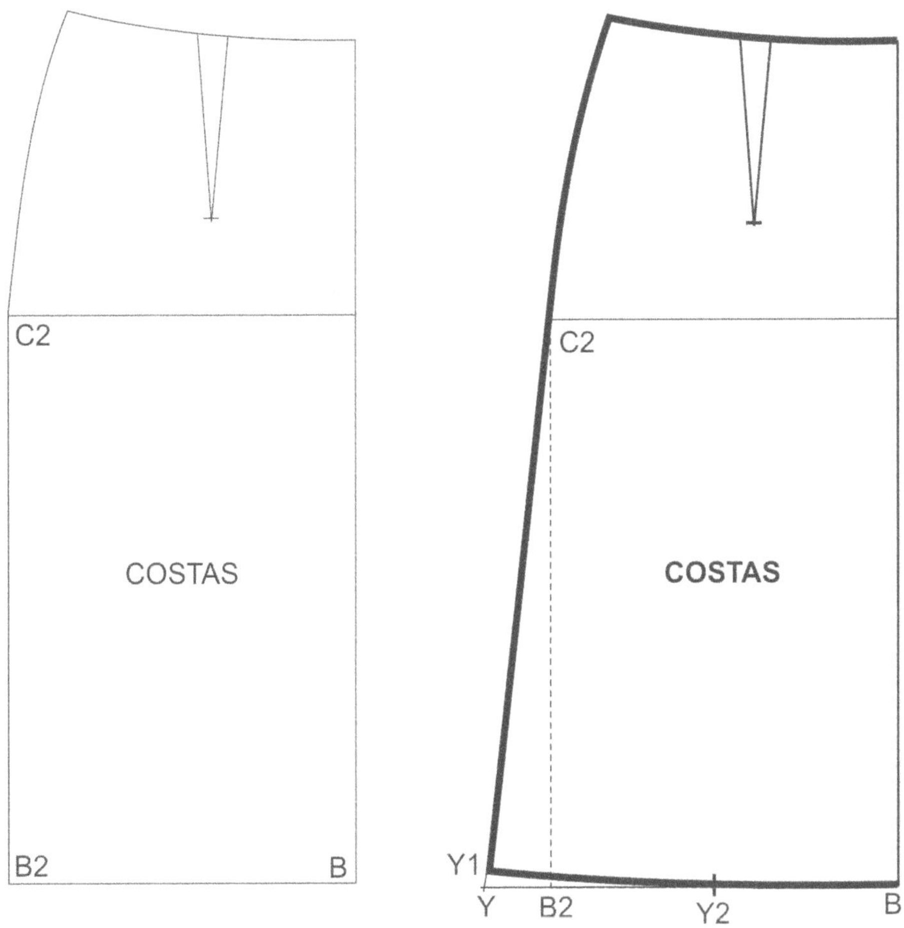

B2 – Y ← 4,5 cm

Y – Y1 ↖ 1,0 cm

B – Y2 ← 1/2 **B – B2** (12,0)

Esse tipo de traçado deve ser utilizado apenas para saias com pouca abertura na barra. Para os casos em que desejamos maior roda, devemos utilizar o processo a seguir.

SAIA EVASÊ - SEGUNDO PROCESSO

FRENTE

Traçar uma linha paralela ao centro da frente passando por **P5** e determinar o ponto **X**.

Dividir o molde da frente em duas partes por esta última linha traçada eliminando também a pence.

Girar a parte lateral do molde, mantendo fixo o ponto **P5**, dando a abertura desejada na barra. No nosso caso vamos utilizar 9,0 cm.

FIG. 1

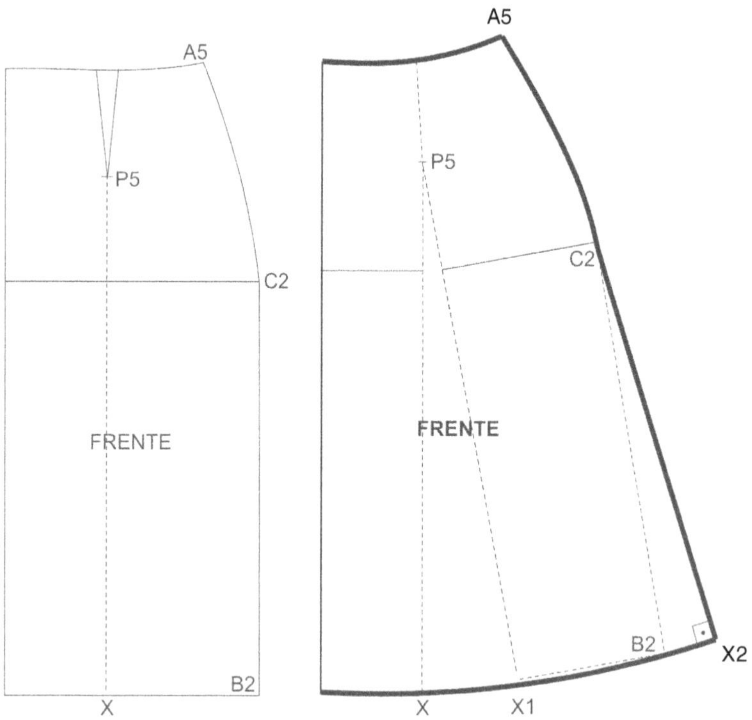

X – X1 → 9,0 cm

Na lateral geralmente marcamos a metade da abertura utilizada no ponto **X** (4,5)

B2 – X2 → 9,0 ÷ 2 = 4,5 cm

Medir com a fita métrica, sugerindo o contorno, a lateral da base do ponto **A5** ao ponto **B2**.

Ligar à curva do quadril e marcar na nova lateral, a partir do ponto **A5**, a medida encontrada até o ponto **X2**.

Traçar uma curva unindo **X** a **X2** de forma que concorde, sem formar ângulo, em **X** e forme um ângulo reto com a lateral em **X2**.

COSTAS

Proceder do mesmo modo que na frente, traçando o ponto **Y** a partir de uma paralela ao meio das costas passando por **P1**.

FIG. 2

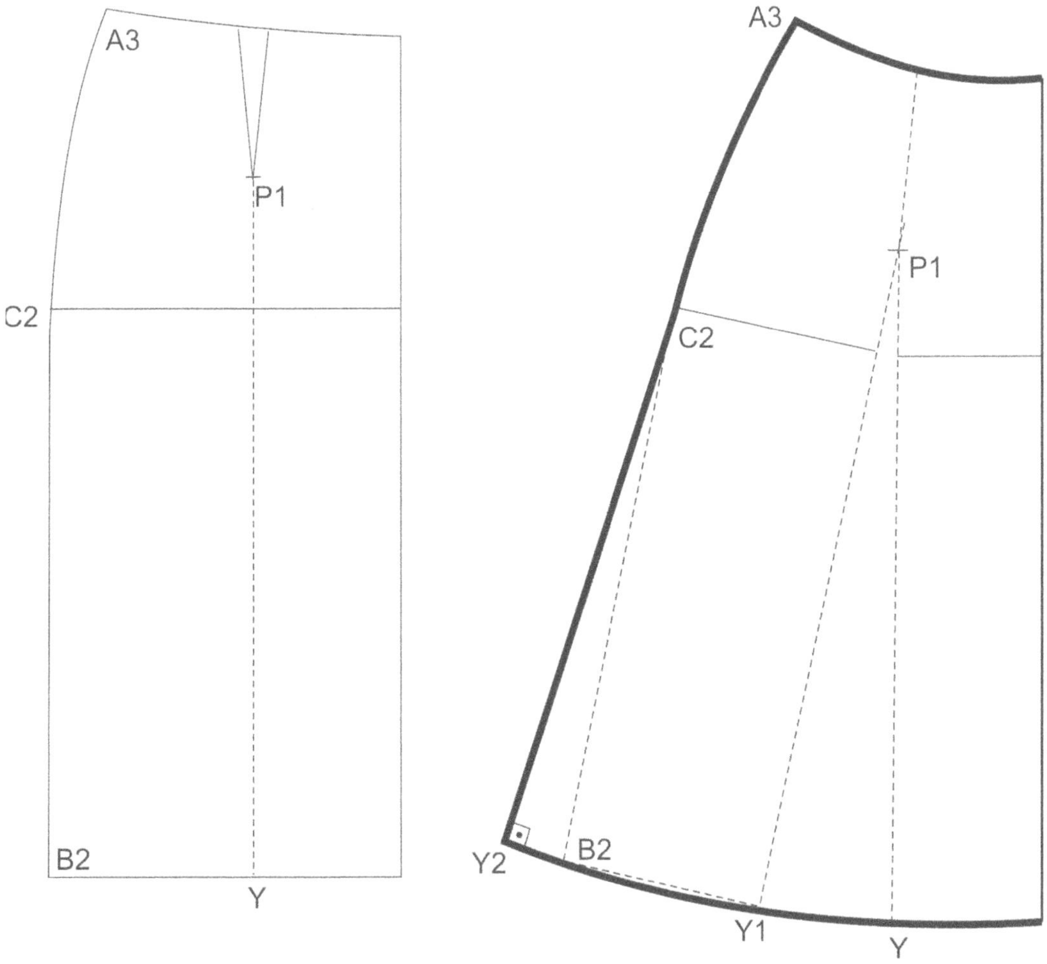

Y – Y1 ← 9,0 cm

B2 – Y2 ← 9,0 ÷ 2 = 4,5 cm

Ao abrirmos o molde nos pontos **X,** da frente e **Y**, das costas, as pences diminuem e tendem a desaparecer. Nesse caso eliminamos as pences, tanto na frente quanto nas costas, alterando a posição dos pontos **A5** (frente) e **A3** (costas) para que a cintura permaneça com a mesma medida da base com as pences fechadas. Em seguida é necessário refazer a curva do quadril na lateral da saia.

SAIA EM PANOS

É um tipo de saia evasê dividida em várias partes ("panos"), podendo ser quatro panos, seis panos, oito panos, etc.
Como exemplo vamos fazer a base para uma saia de seis panos.

Para manequim 40, temos:

Quadril = 96,0

Cintura = 68,0

Altura do quadril = 20,0

Comprimento da saia = 58,0

Traçar o retângulo base com largura igual à medida do quadril dividida por 6 (16,0) a altura igual ao comprimento da saia (58,0).

FIG. 1

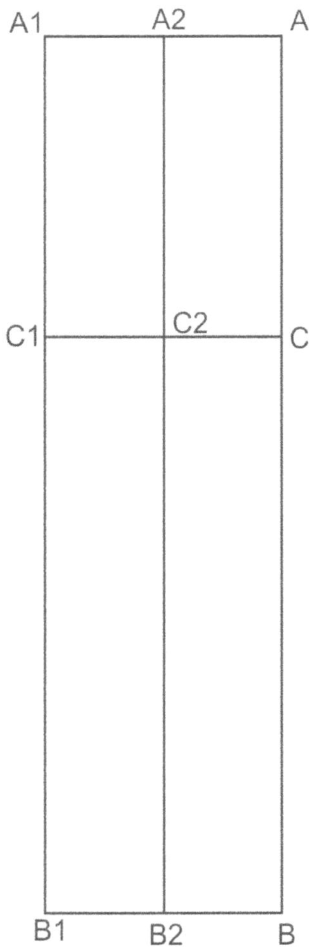

A – C ↓ altura do quadril (20,0)

A1 – C1 ↓ = **A – C** (20,0)

A – A2 ← 1/2 **A – A1** (8,0)

B – B2 ← = **A – A2** (8,0)

C – C2 ← = **A – A2** (8,0)

FIG. 2

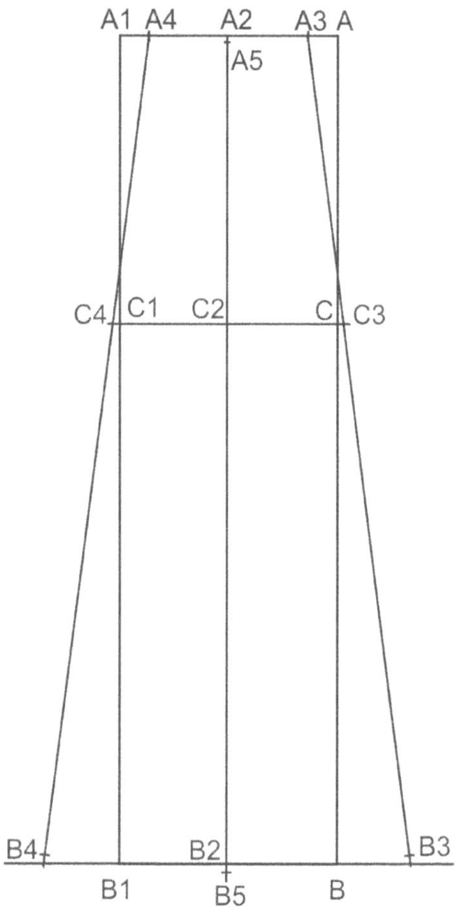

A3 – A4 ← 1/6 da cintura (≅ 11,4)

Marcar a metade da medida encontrada para cada lado de **A2**.

A2 – A3 → 1/2 **A3 – A4** (5,7)

A2 – A4 ← 1/2 **A3 – A4** (5,7)

É necessário dar uma pequena folga no quadril, por exemplo 0,5 cm. Para isso marcamos os pontos **C3** e **C4**.

C – C3 → 0,5 cm

C1 – C4 ← 0,5 cm

Ligar os pontos **A3** e **C3**, em linha reta e prolongar até a linha **B**. O mesmo para os pontos **A4** e **C4**.

A3 – B3 ↘ Comprimento da saia (58,0)

A4 – B4 ↙ Comprimento da saia (58,0)

A2 – A5 ↓ 0,5 cm

A5 – B5 ↓ Comprimento da saia (58,0)

FIG. 3

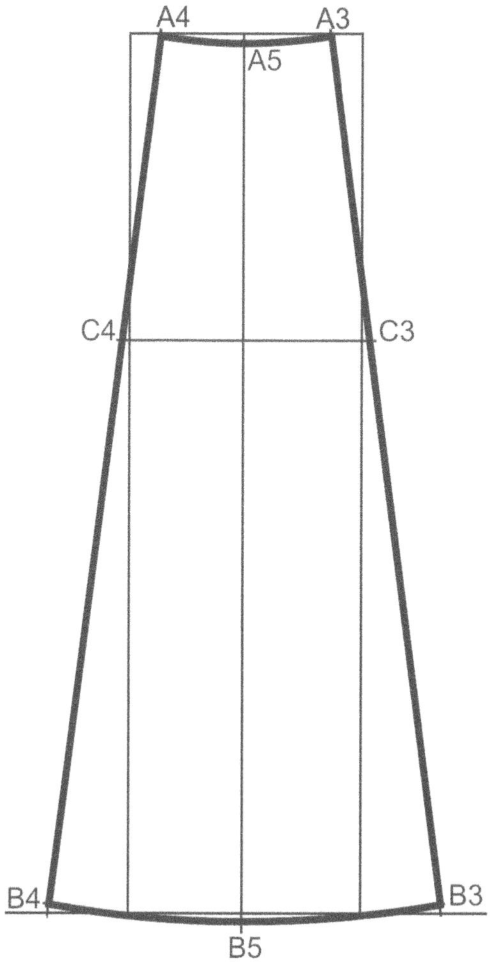

Ligar **A3** e **A4**, em curva, passando por **A5** e ligar **B3** e **B4**, em curva, passando por **B5**, definindo o contorno.

SAIA EM PANOS RODADA ABAIXO DO QUADRIL

Esse tipo de saia em panos é ajustada na cintura e no quadril abrindo em roda na barra.

Como exemplo vamos, novamente, fazer uma base para seis panos. Vamos utilizar, inicialmente, o mesmo retângulo base da saia em panos, isto é, largura igual a 1/6 do quadril (16,0) e altura igual ao comprimento da saia.

FIG. 1

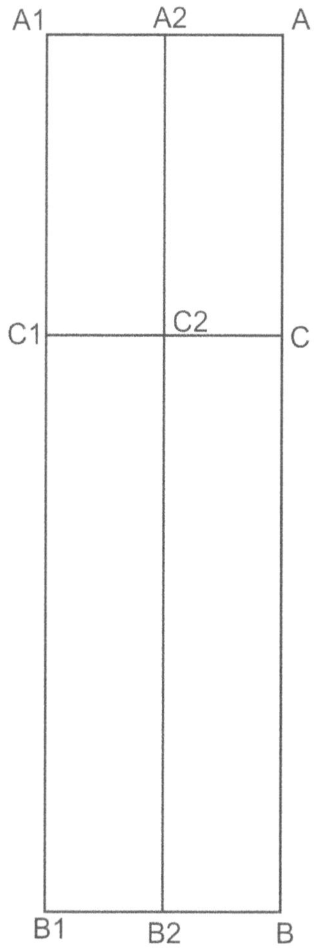

A – C ↓ Altura do quadril (20,0)

A1 – C1 ↓ = A – C (20,0)

A – A2 ← 1/2 **A – A1** (8,0)

B – B2 ← = **A – A2** (8,0)

FIG. 2

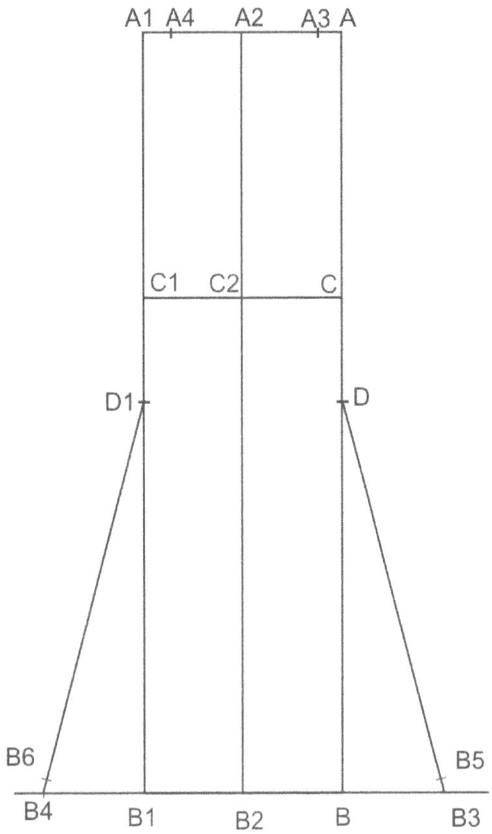

A3 – A4 ← 1/6 da cintura (≅ 11,4)

Marcar a metade da medida encontrada para cada lado de **A2**.

A2 – A3 → 1/2 **A3 – A4** (5,7)

A2 – A4 ← 1/2 **A3 – A4** (5,7)

Os pontos **D** e **D1** correspondem à altura a partir de onde a saia começa a ganhar roda. Podemos escolher a altura que desejarmos, podendo também esses pontos coincidirem com **C** e **C1**, respectivamente, se desejarmos que a roda comece a abrir na altura do quadril.

No nosso exemplo vamos escolher a medida de 8,0 cm abaixo do quadril.

C – D ↓ 8,0 cm

C1 – D1 ↓ 8,0 cm

O acréscimo de largura na barra também pode variar conforme desejarmos. Nesse caso vamos utilizar 8,0 cm para cada lado.

B – B3 → 8,0 cm

B1 – B4 ← 8,0 cm

D – B5 ↘ = **D – B** (medir no traçado) (30,0)

D1 – B6 ↙ = **D1 – B1** = **D – B** (30,0)

FIG. 3

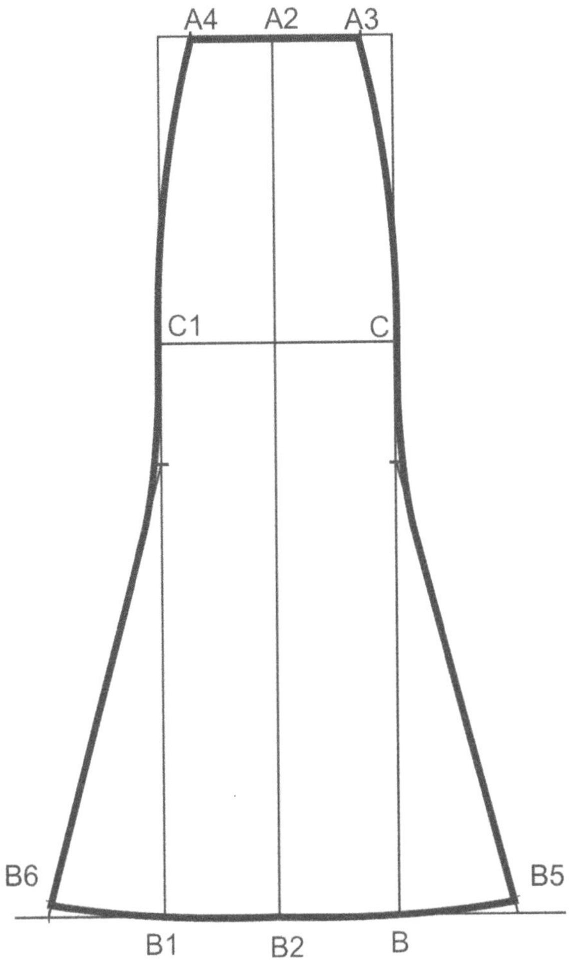

Ligar os pontos conforme a fig. 3, definindo o contorno.

SAIAS GODÊ

São aquelas que abrem em grandes rodas na barra, formando gomos ou godês. São cortadas em forma circular diminuindo, assim, o número de costuras.

SAIA GODÊ 1/4 DE RODA

Traçar o quadrado base com lado igual à medida da cintura dividida por 1,5 (68,0 ÷ 1,5 ≅ 45,0) mais o comprimento da saia (58,0) (45,0 + 58,0 = 103,0).

FIG. 1

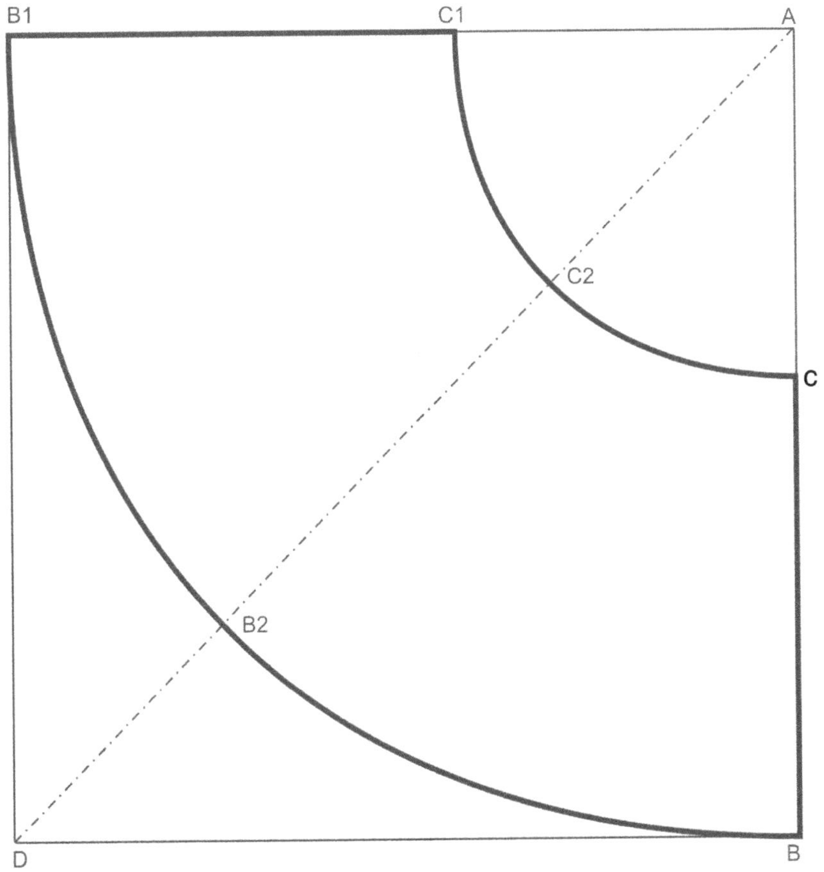

A – C ↓ CINTURA ÷ 1,5 (± 45,0)

A – C1 ← = **A – C** (45,0)

A – C2 ↙ = **A – C** (45,0)

A – B2 ↙ = **A – B** (103,0)

Ligar os pontos conforme a fig. 1, definindo o contorno de saia.

Esse traçado corresponde a uma saia inteira, isto é, a medida da curva que liga **C** a **C1** é a medida total da cintura.

Existem duas maneiras de cortarmos esse tipo de saia no tecido.

FIG. 2

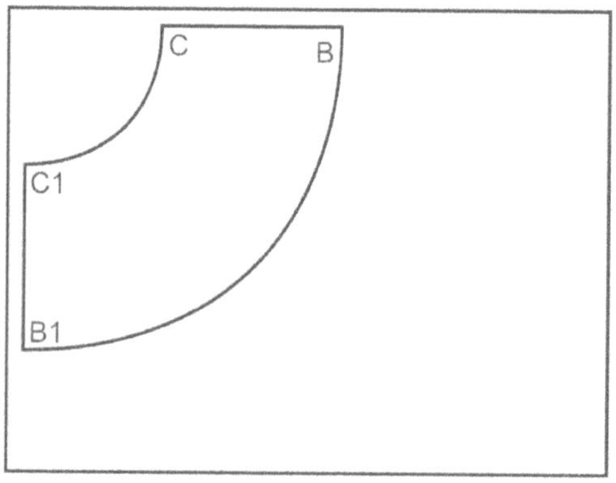

FIG. 3

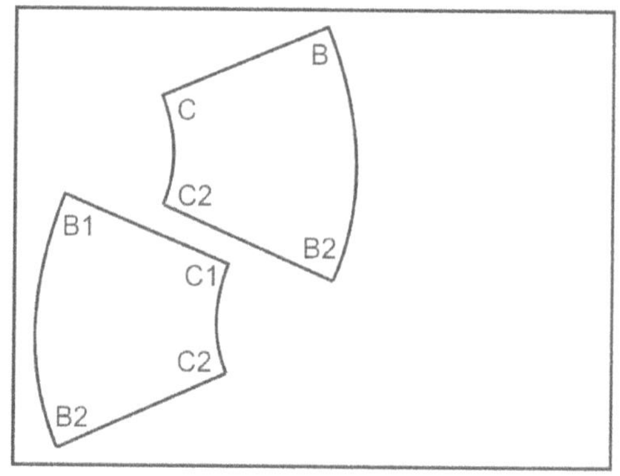

A primeira corresponde à fig. 2, obtendo-se assim uma saia com uma só costura, colocada geralmente na parte das costas. Porém esse tipo não é muito aconselhável devido ao fato que com essa disposição no tecido a linha **C – B** está na direção do urdume (fio) do tecido e a linha **C1 – B1** está na direção da trama e isso não produz um bom resultado na costura.

A segunda maneira pode ser observada na fig. 3. Para isso temos que dividir o molde ao meio, pela linha **C2 – B2,** e cortarmos a saia em duas partes, com uma costura em cada lateral. Nesse caso a direção das costuras é a mesma, não criando problemas ao serem costuradas.

SAIA GODÊ 1/2 RODA

Traçar o quadrado base com lado igual à medida da cintura dividida por 3 (68,0 ÷ 3 ≅ 22,0) mais o comprimento da saia (58,0) (22,0 + 58,0 = 80,0).

FIG. 1

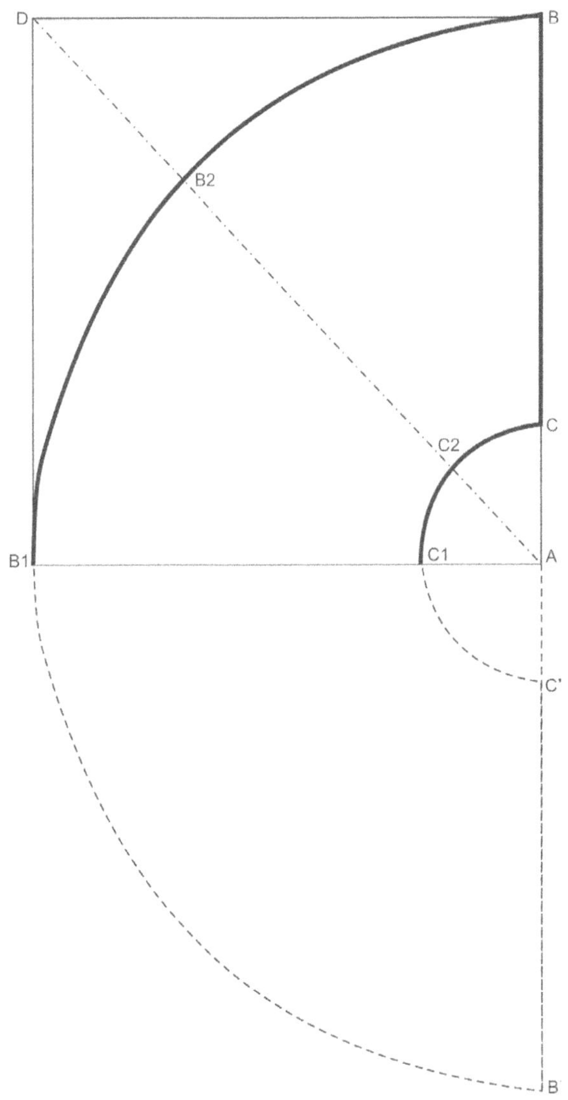

A – C ↑ CINTURA ÷ 3 (± 22,0)

A – C1 ← = **A – C** (22,0)

A – C2 ↖ = **A – C** (22,0)

A – B2 ↖ = **A – B** (80,0)

Ligar os pontos conforme a fig. 1, definindo o contorno da saia. O traçado corresponde à metade da saia, isto é, a medida da curva que liga **C** a **C1** é a metade da medida da cintura. É necessário, então, rebater o traçado pela linha **B1** – **C1** para obtermos uma saia inteira.

Existem duas maneiras de colocarmos o molde no tecido para cortarmos esta saia.

FIG. 2

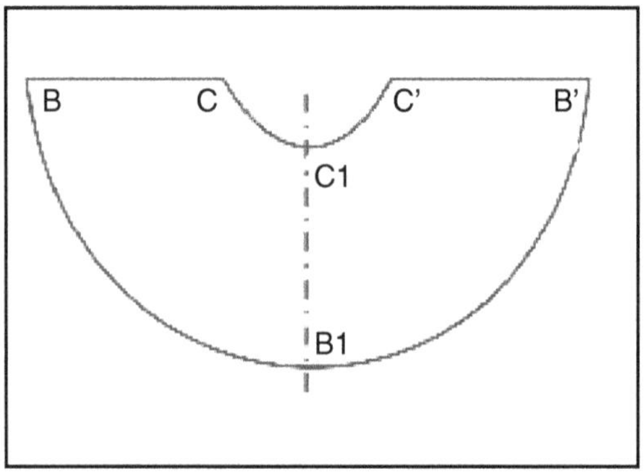

FIG. 3

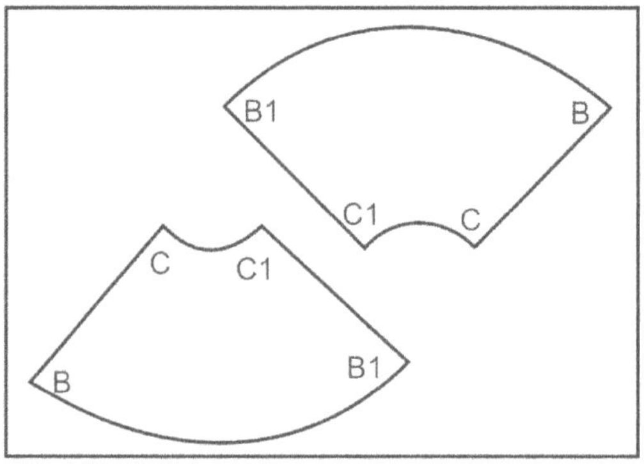

A primeira, representada na fig. 2, é a mais comum, obtendo-se desta forma uma saia com uma só costura.

A segunda maneira corresponde a uma saia com duas costuras apresentada na fig. 3.

SAIA GODÊ RODA INTEIRA

Traçar o quadrado base com lado igual à medida da cintura dividida por 6 (68,0 ÷ 6 ≅ 11,0) mais o comprimento da saia (58,0) (11,0 + 58,0 = 69,0)

FIG. 1

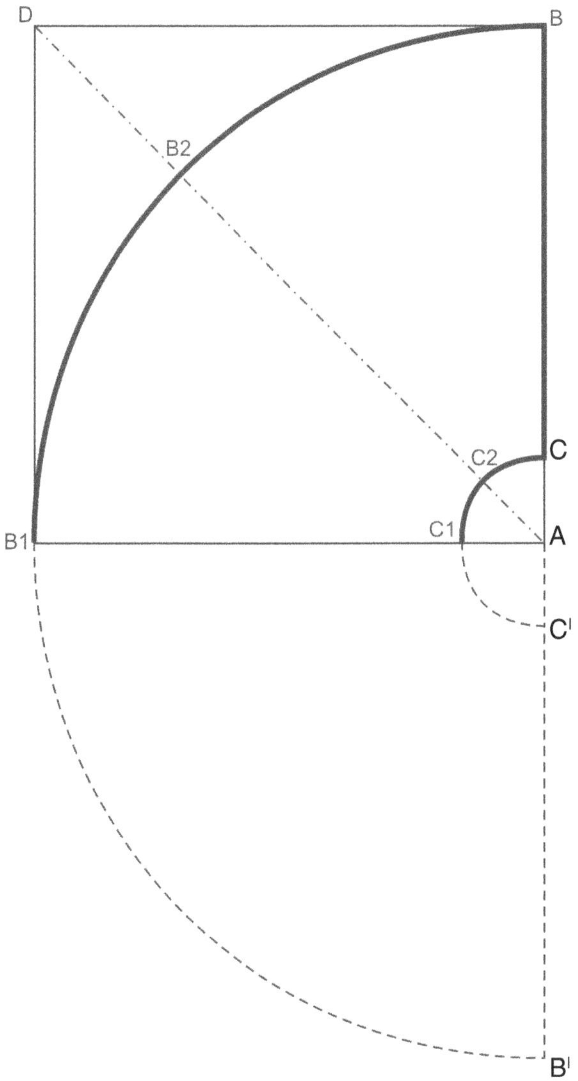

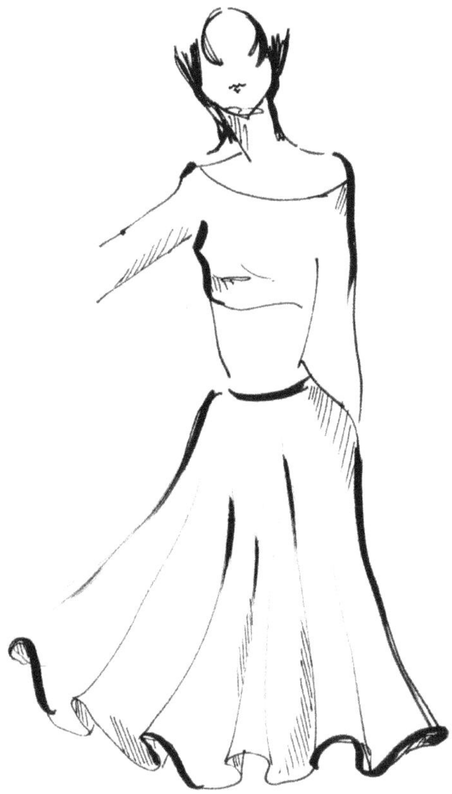

A – C ↑ CINTURA ÷ 3 (± 11,0)

A – C1 ← = **A – C** (11,0)

A – C2 ↖ = **A – C** (11,0)

A – B2 ↖ = **A – B** (69,0)

Ligar os pontos conforme a fig. 1, definindo o contorno. O traçado corresponde à quarta parte da saia, isto é, a medida curva que liga **C** a **C1** é a quarta parte da cintura. Rebatendo o desenho pela linha **B1** – **C1** obtemos o molde da metade da saia.

FIG. 2

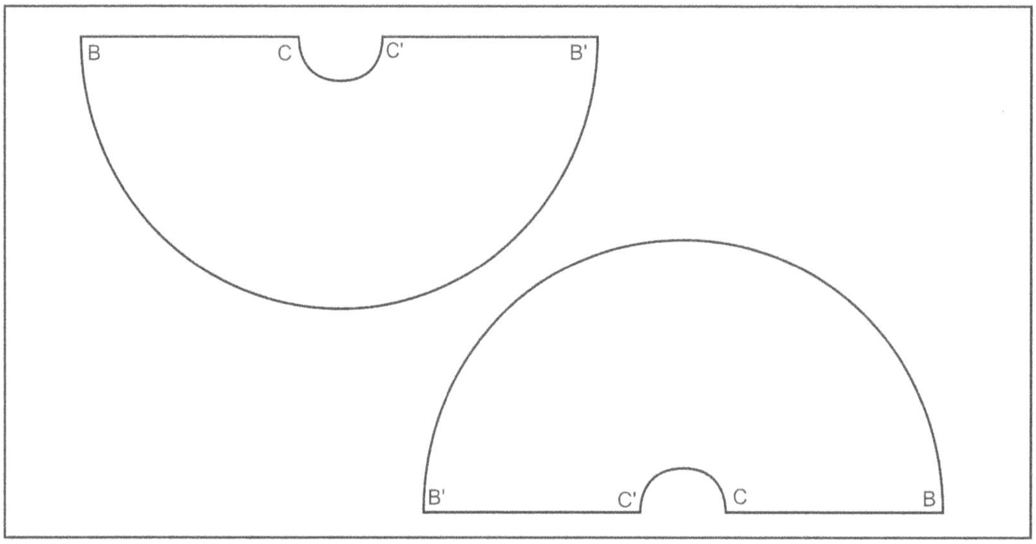

A fig. 2 apresenta a disposição dos moldes no tecido para o corte da saia. É preciso cortarmos duas vezes no tecido para obtermos uma saia inteira.

BASE DE CORPO

BASE DO CORPO (manequim 40)

Busto = 88,0

Cintura = 68,0

Pescoço = 35,0

Altura das costas = 42,0

Altura do busto = 18,0

Distância do busto = 19,0

OBS.: As medidas entre parênteses utilizadas no traçado correspondem ao manequim 40. As demais medidas, que não estão entre parênteses, servem para todos os manequins da tabela.

Traçar o retângulo base com largura igual à metade do busto + 2,0 cm (46,0) e altura igual à altura das costas + 2,5 cm (44,5).

FIG. 1

A – C ↓ 1/4 da medida **A – A1** + 12,5 cm (24,0)

A1 – C1 ↓ = medida **A – C** (24,0)

C – C2 ← 1/4 do BUSTO – 1,0 cm (21,0)

C1 – C3 → 1/4 do BUSTO + 1,0 cm (23,0)

FIG. 2

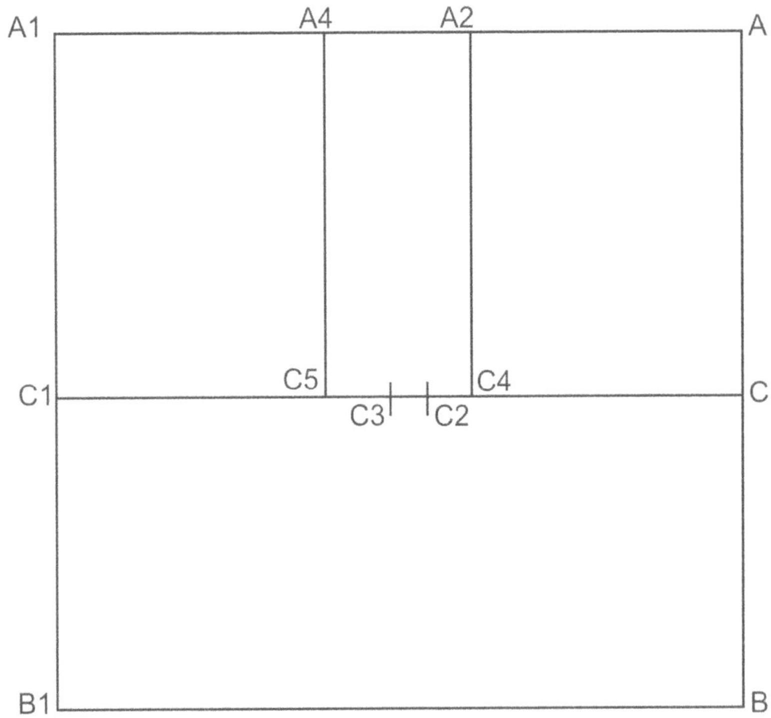

C – C4 ← 1/2 **C – C2** + 7,5 cm (18,0)

A – A2 ← = medida **C – C4** (18,0)

C1 – C5 → = medida **C – C4** (18,0)

A1 – A4 → = medida **C1 – C5** (18,0)

FIG. 3

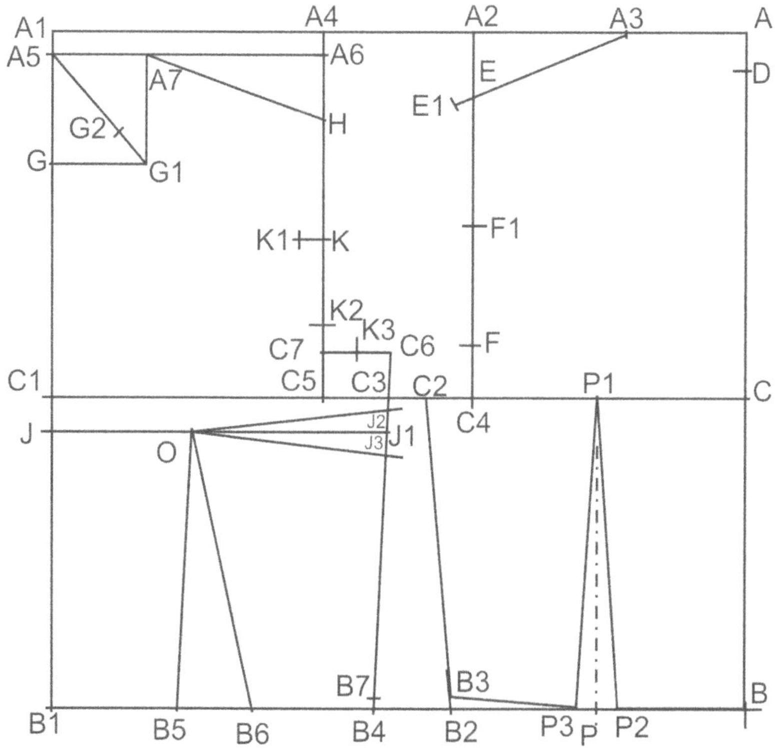

TRAÇADO DAS COSTAS

A – A3 ← 1/4 do PESCOÇO – 1,5 cm (7,25)

A – D ↓ 2,5 cm

A2 – E ↓ 4,5 cm

E – E1 ↙ 1,0 cm

C4 – F ↑ ± 3,0 cm

F – F1 ↑ 1/2 da medida **F – E** (8,25)

B – B2 ← 1/4 da CINTURA + 3,0 cm (profundidade da pence das costas) (20,0)

B2 – B3 ↑ 0,5 cm

B – P ← 1/2 da medida **B – B2** (9,5)

C – P1 ← = medida **B – P** (9,5)

P – P2 → 1,5 cm

P – P3 ← 1,5 cm

TRAÇADO DA FRENTE

A1 – A5 ↓ 1,5 cm

A4 – A6 ↓ 1,5 cm

A5 – A7 → medida **A – A3** – 1,0 cm (6,25)

A5 – G ↓ medida **A5 – A7** + 0,5 cm (6,75)

G1 – G2 ↖ ± 3,0 cm

A6 – H ↓ 4,5 cm

B1 – B4 → 1/4 do BUSTO (22,0)

B1 – J ↑ ALTURA DO BUSTO (18,0)

B4 – J1 ↑ = medida **B1 – J** (18,0)

J – O → 1/2 da DISTÂNCIA DO BUSTO (9,5)

B1 – B5 → medida **J – O** – 1,0 cm (8,5)

B5 – B6 → 1/2 do BUSTO – 1/2 da CINTURA (5,0)

J1 – J2 ↑ 1,5 cm

J1 – J3 ↓ 1,5 cm

C3 – C6 ↑ 3,0 cm (mesma medida **J3 – J2**)

C5 – C7 ↑ = medida **C3 – C6** (3,0)

C7 – K ↑ 1/2 da medida **C7 – H** (7,5)

K – K1 ← 1,5 cm

C7 – K2 ↑ ± 2,0 cm

C7 – K3 → 1/2 da medida **C7 – C6**

B4 – B7 ↑ 0,5 cm

Ligar os pontos conforme a figura 4, definindo o contorno das costas e da frente.

OBS.: Para traçar as linhas da cintura e da lateral da frente, é necessário dobrar o papel fechando as pences.

Fechar a pence da cintura e unir os pontos **B1**, **B6** e **B7**, em curva. Em seguida fechar a pence da lateral e unir os pontos **B7** e **C6**, em linha reta. O resultado obtido pode ser observado no contorno final na fig. 4.

FIG. 4

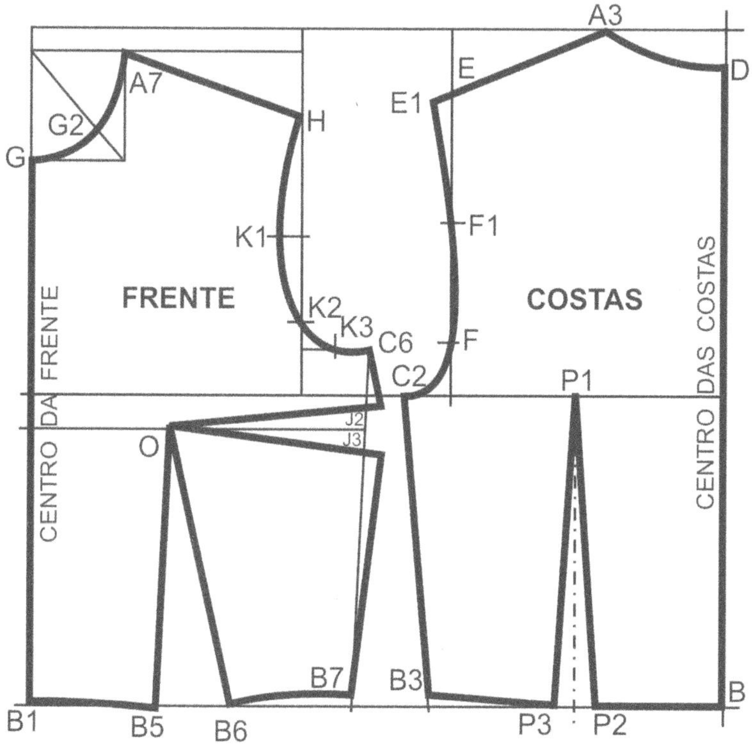

O traçado da base da frente do corpo possui duas pences. Essas duas pences, quando fechadas, formam o bojo necessário para vestir o busto sem provocar nenhuma sobra de tecido ao seu redor. Isto é, não haverá sobras de tecido nas cavas, nem no decote, nem na cintura, etc.

Contudo nem sempre desejamos que uma roupa possua duas pences nas posições que estão colocadas na base. Para isso lançamos mão da transferência de pences, que consiste em transformar as duas pences existentes em outras, nas posições que desejarmos, porém produzindo o mesmo bojo.

Podemos, por exemplo, transformar as duas pences em uma só, fechando a pence que desejamos eliminar, aumentando consequentemente a profundidade da outra.

PENCE VERTICAL

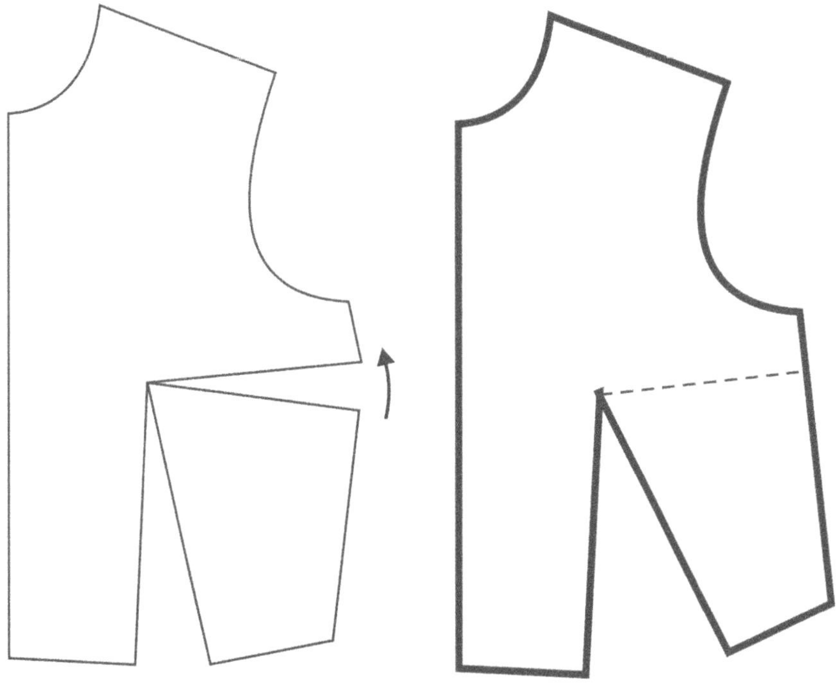

Fechamos a pence lateral (horizontal) e consequentemente a pence da cintura (vertical) aumentará de profundidade.

Esta é uma boa posição de pence para trabalharmos como base, pois deixa livre de divisões o decote, o ombro e a lateral, facilitando a interpretação da maioria dos formatos de decotes e cavas.

PENCE HORIZONTAL

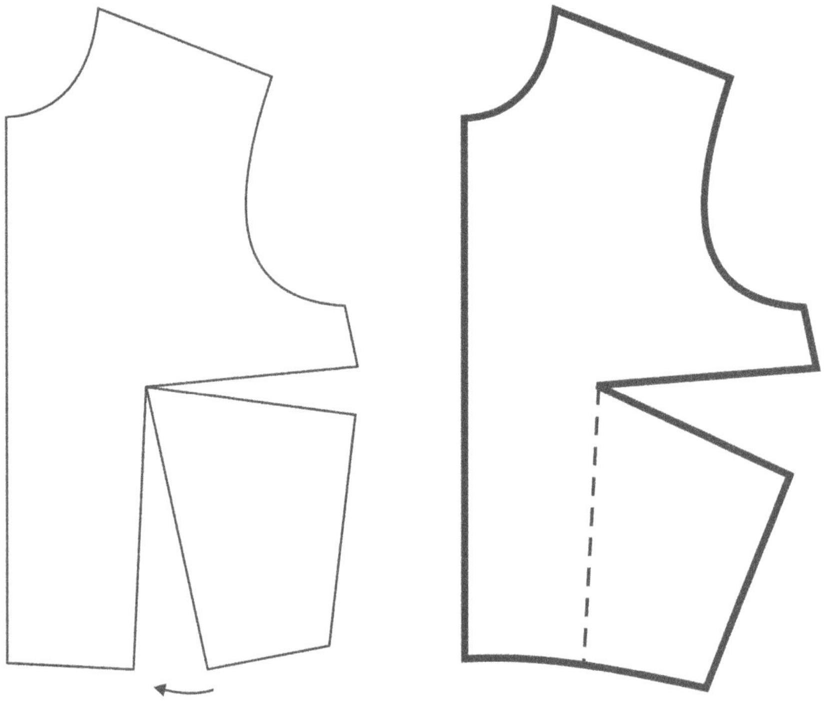

Fechamos a pence da cintura (vertical), aumentando com isso a pence lateral (horizontal).

Caso desejarmos pences em outras posições quaisquer, é só marcarmos um segmento de reta na posição onde iremos colocar a pence. Esse segmento deve sempre ter como uma das extremidades o ponto **O**.

Em seguida fechamos as outras pences que existiam anteriormente. Feito isso a nova pence se abrirá automaticamente.

PENCE INCLINADA

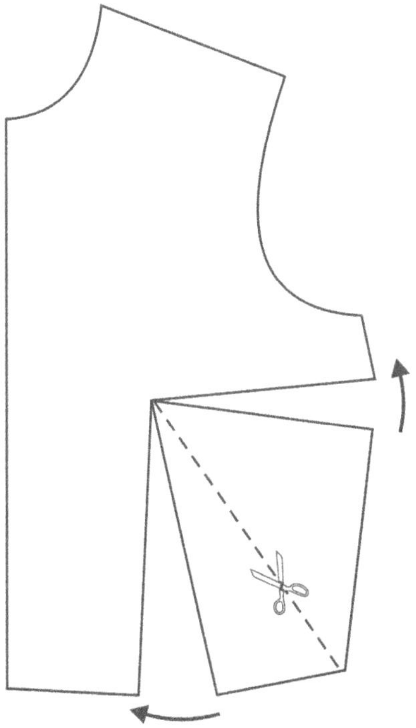

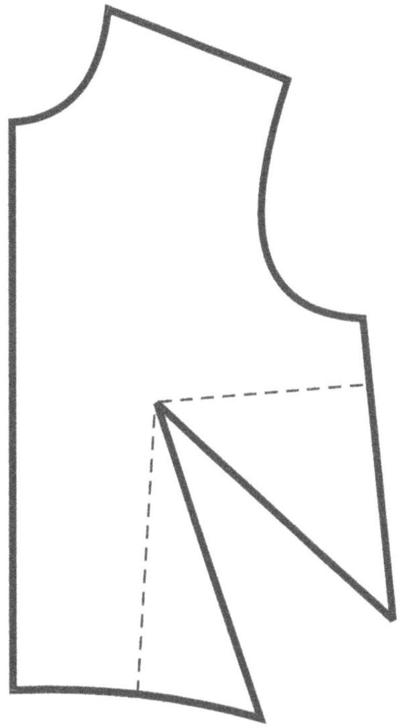

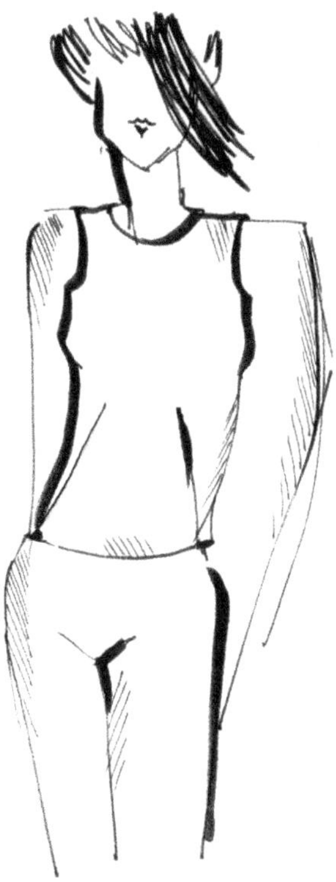

Ligamos em linha reta o ponto **O** ao ponto de encontro da linha da cintura com a linha lateral. Em seguida cortamos nessa linha e fechamos as pences anteriores, abrindo automaticamente a nova pence inclinada.

Com isso fica claro que podemos colocar as pences da base na posição que quisermos, contanto que não alteremos nem para mais, nem para menos o volume do bojo produzido por elas.

Quando as pences já estiverem na posição em que vão aparecer na roupa, é necessário diminuirmos um pouco o comprimento delas para não terminarem exatamente no ponto **O**, formando uma ponta. Essa distância do ponto **O** deve ficar entre 1,5 cm e 2,5 cm.

Podemos também criar recortes que passem pela ponta das pences, e com isso é possível transferi-las e elas ficarão escondidas nesses recortes.

Uma das vantagens dos recortes sobre as pences é que podemos arredondar as pontas formadas ao recortarmos o molde e fecharmos as pences produzindo, assim, uma forma mais arredondada e menos pontuda para o busto.

A seguir vejamos três exemplos de recortes exemplificados nas figuras.

O procedimento é semelhante ao da transferência de pences a não ser pelo fato de recortarmos o molde em duas ou mais partes, dependendo do desenho do recorte escolhido.

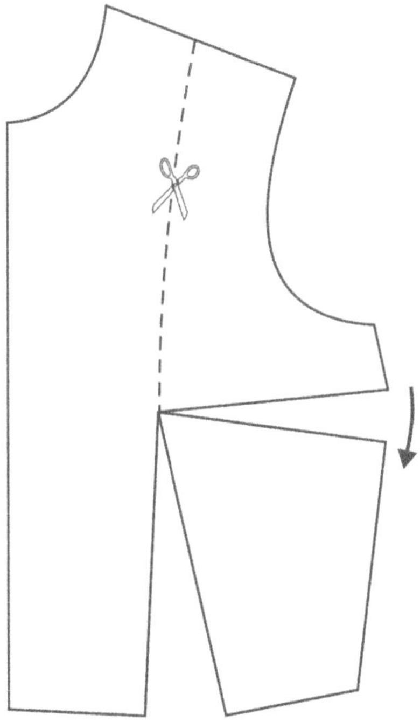

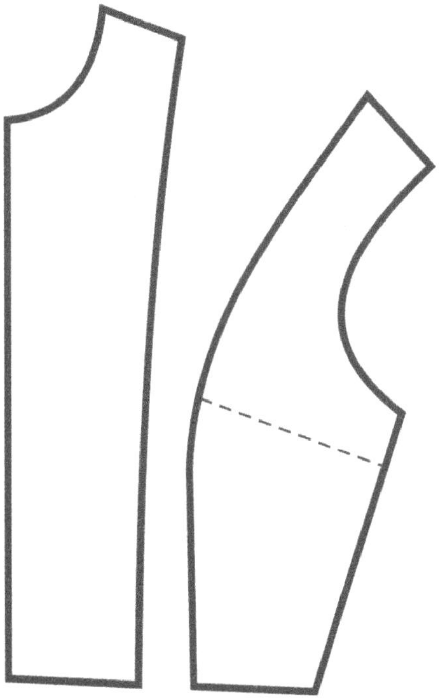

RECORTE CURVO

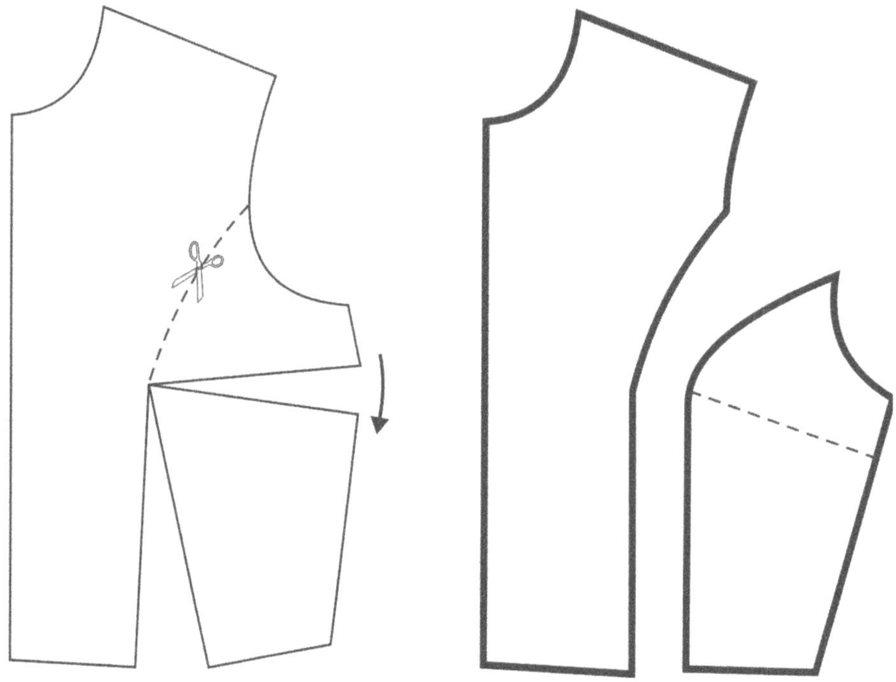

RECORTE HORIZONTAL

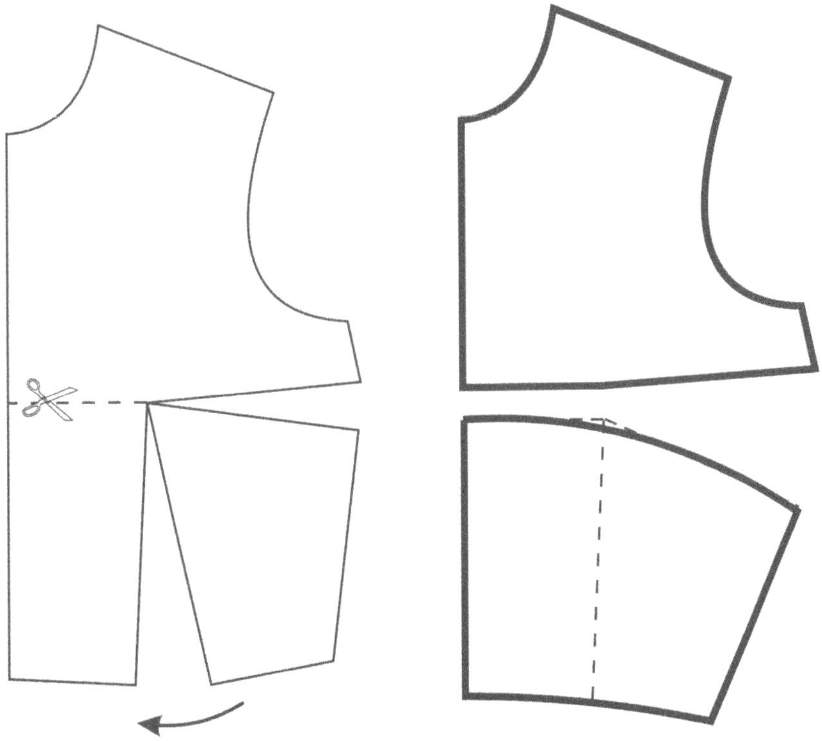

BASE DE MANGA

BASE DE MANGA (manequim 40)

Medir o contorno total da cava na base do corpo. No traçado do corpo, com pence para o manequim 40 apresentado anteriormente, essa medida fica em torno de 40,0 cm.

Contorno da cava = medir na base do corpo (40,0)

Comprimento da manga = 60,0

Punho = 20,0

Traçar o retângulo base com largura igual a 3/4 do contorno da cava (30,0) e altura igual ao comprimento da manga (60,0).

FIG. 1

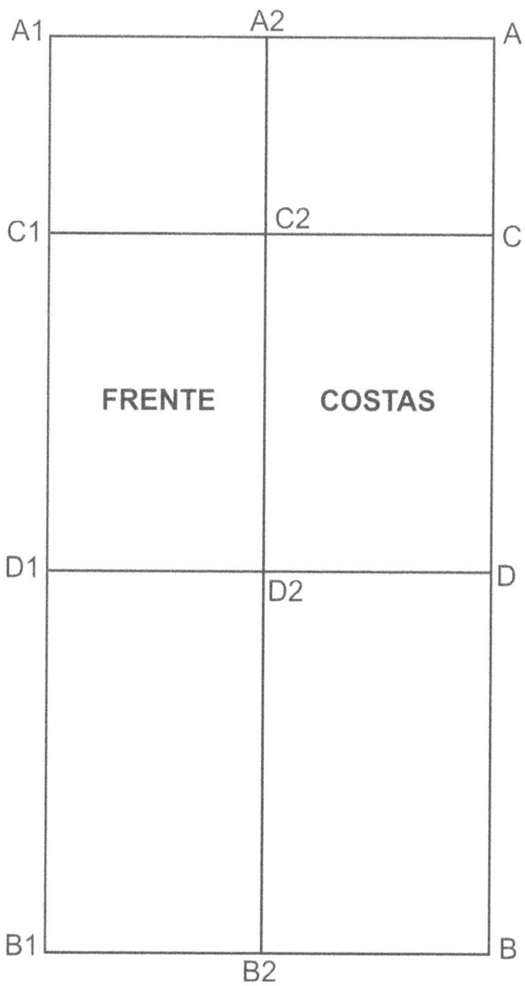

A – C ↓ 1/4 do contorno da cava + 2,5 cm (12,5)

A1 – C1 ↓ = **A – C** (12,5)

A – D ↓ 1/2 do comprimento + 5,0 cm altura do cotovelo (35,0)

A1 – D1 ↓ = **A – D** (35,0)

A – A2 ← 1/2 **A – A1** (15,0)

B – B2 ← = **A – A2** (15,0)

FIG. 2

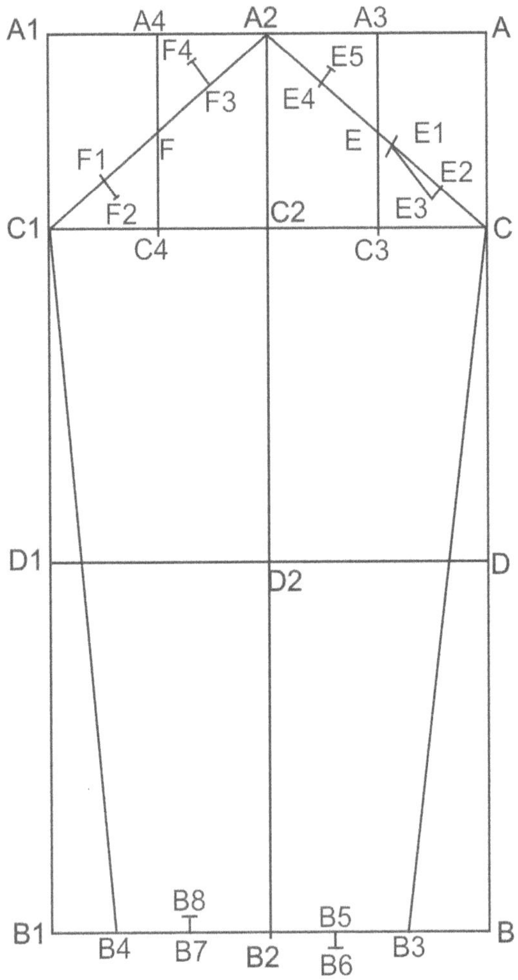

A – A3 ← 1/2 **A – A2** (7,5)

C – C3 ← = **A – A3** (7,5)

A1 – A4 → 1/2 **A1 – A2** (7,5)

C1 – C4 → = **A1 – A4** (7,5)

COSTAS

E – E1 ↘ 2,0 cm

E1 – E2 ↘ 1/2 **E1 – C**

E2 – E3 ↙ 1,0 cm

A2 – E4 ↘ 1/2 **A2 – E**

E4 – E5 ↗ 1,25 cm

Ligar **E1** – **E3** em linha reta

FRENTE

F – F1 ↙ 1/2 **F – C1**

F1 – F2 ↘ 1,5 cm

A2 – F3 ↙ 1/2 **A2 – F**

F3 – F4 ↖ 2,0 cm

PUNHO

B2 – B3 → 1/2 punho (10,0)

B2 – B4 ← 1/2 punho (10,0)

B2 – B5 → 1/2 **B2 – B3**

B5 – B6 ↓ 1,0 cm

B2 – B7 ← 1/2 **B2 – B4** (5,0)

B7 – B8 ↑ 1,0 cm

FIG. 3

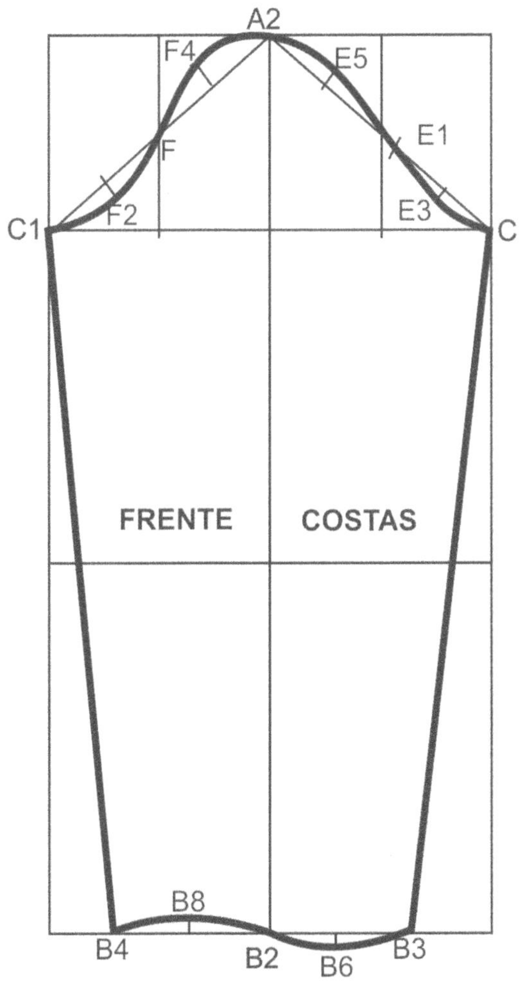

Ligar os pontos conforme a fig. 3 definindo o contorno da manga.

MANGA RAGLÃ

Para traçarmos a manga raglã, vamos usar os moldes básicos do corpo, frente e costas e da manga.

FIG. 1

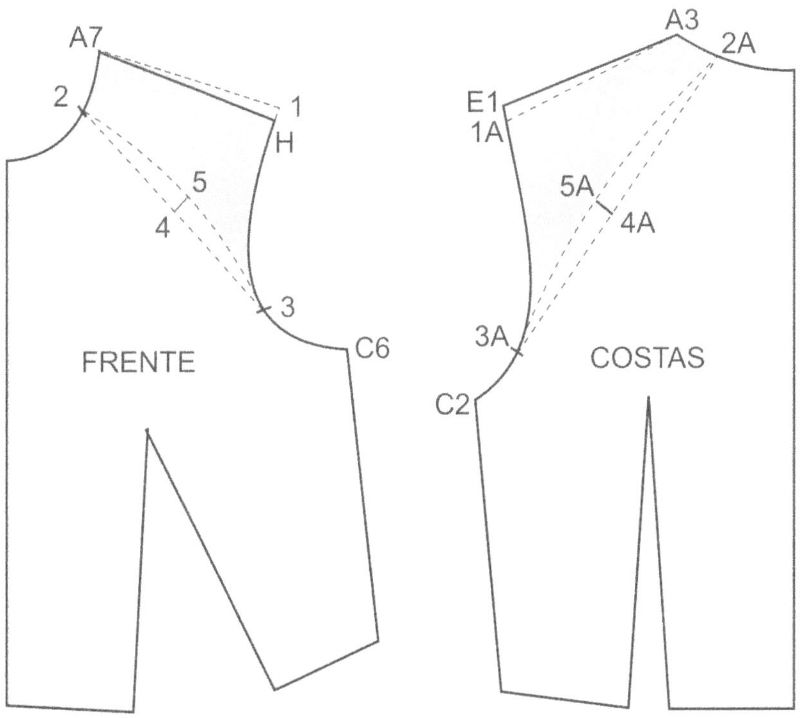

FRENTE

Marcar 1,0 cm acima do ponto **H**, conforme o desenho, determinando o ponto **1.** Ligar o ponto **1** ao ponto **A7**.

Medir o contorno da cava da frente do ponto **C6** ao ponto **H**. Dividir a medida encontrada por **3** e marcar esse valor sobre a curva da cava a partir do ponto **C6**, determinando o ponto **3**.

Marcar na curva do degolo, a partir do ponto **A7,** a medida desejada, por exemplo 4,0 cm, determinando o ponto **2**.

Ligar em linha reta o ponto **2** ao ponto **3**.

2 – 4 ↘ 1/2 da medida **2 – 3**

4 – 5 ↗ 1,5 cm

Dividir o molde pela linha curva **2 – 5 – 3.**

COSTAS

Marcar 1,0 cm abaixo do ponto **E1**, conforme o desenho, determinando o ponto **1A**. Ligar o ponto **1A** ao ponto **A3**.

Marcar sobre a curva da cava das costas, a partir do ponto **C2**, a mesma medida usada na cava da frente entre os pontos **C6** e **3**, determinando o ponto **3A**.

Marcar na curva do degolo, a partir do ponto **A3**, uma medida um pouco menor do que a marcada anteriormente no degolo da frente, por exemplo 3,0 cm, determinando o ponto **2A**.

Ligar em linha reta o ponto **2A** ao ponto **3A**.

2A – 4A ⇙ 1/2 da medida **2A – 3A**

4A – 5A ⇖ 1,5 cm

Dividir o molde pela linha curva **2A – 5A – 3A**.

FIG. 2

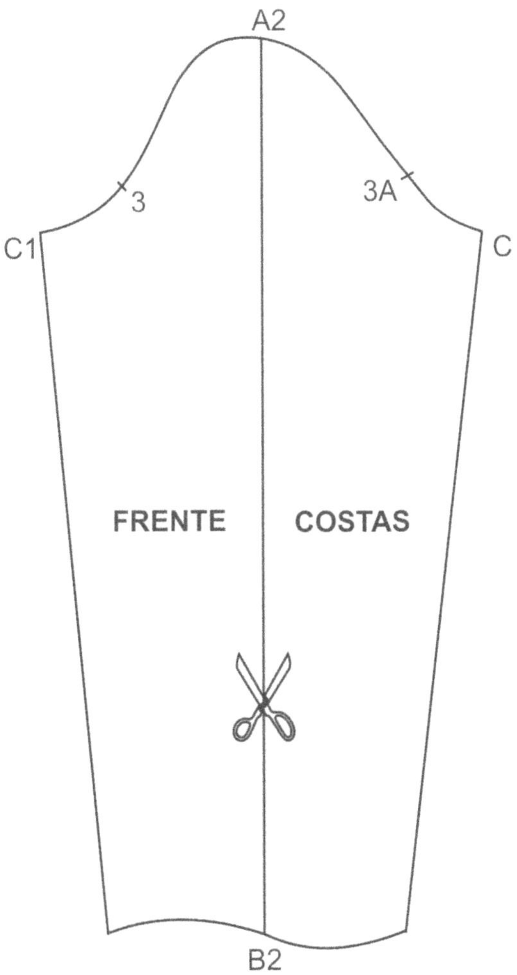

Marcar a partir de **C1**, na curva da manga, a mesma medida usada anteriormente na cava, isto é, 1/3 da medida do contorno da cava da frente, determinando o ponto **3** na parte da frente da manga. O mesmo a partir de **C**, determinando o ponto **3A** na parte das costas da manga.

Dividir o molde da manga em duas partes pela linha do fio **A2 – B2**.

FIG. 3

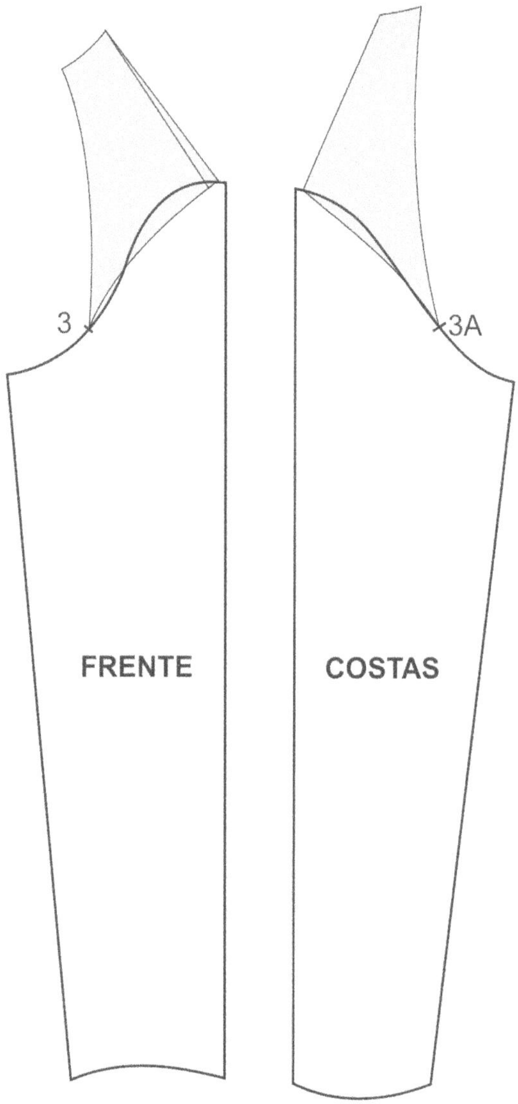

Unir as partes dos moldes conforme a fig. 3, casando os pontos **3** e **3A** do corpo e da manga.

FIG. 4

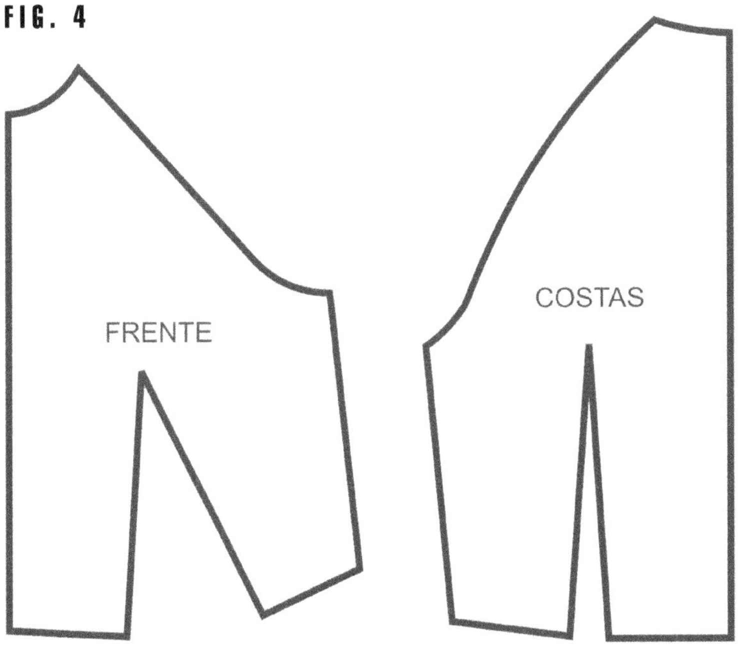

Definir os contornos das partes conforme as figs. 4 e 5.

FIG. 5

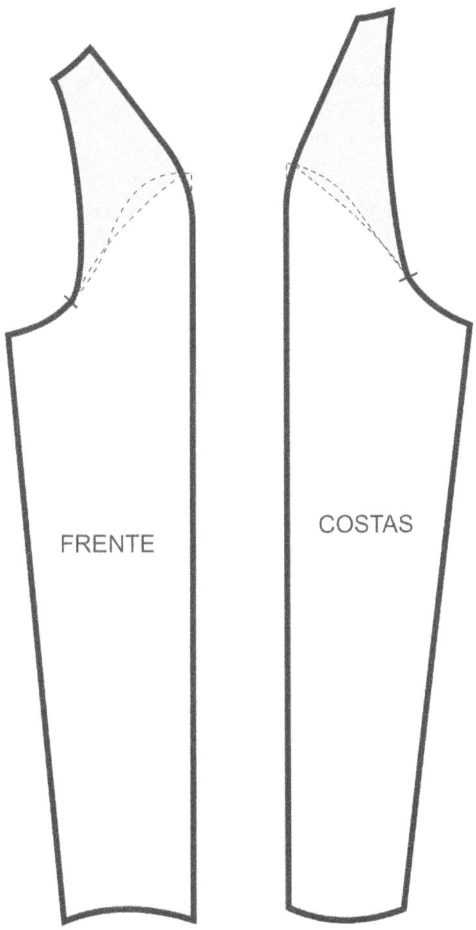

MANGA DE DUAS FOLHAS

É o tipo de manga usada pelos alfaiates nos paletós e casacos em geral, por isso é também chamada "Manga de Alfaiate".

A manga de alfaiate é cortada em duas partes que chamamos de "folhas". Sendo assim, ela possui duas costuras, uma na parte da frente e outra na parte das costas em vez de uma só costura debaixo do braço, como na manga básica. Essas costuras servem para que a manga acompanhe a forma do braço.

Além disso, ela tem uma altura de cabeça bem maior que as outras mangas feitas a partir da manga básica. Isso faz com que ela caia muito mais bonita, sem formar pregas ou criar sobras de tecido sob o braço quando este está abaixado. Em compensação, isso pode diminuir um pouco o conforto e dificultar os movimentos do braço.

O traçado é baseado na medida do contorno da cava. Como na base do corpo obtivemos uma cava com o contorno 40,0 cm, uma alteração para um casaco não muito folgado pode nos dar uma cava com aproximadamente 48,0 cm. Essa é a medida que vamos utilizar no nosso exemplo.

Contorno da cava = 48,0

Comprimento da manga = 60,0

Punho = 24,0

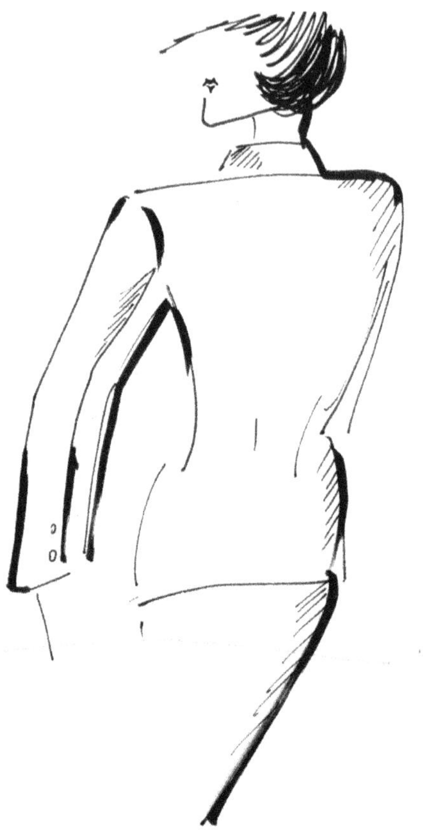

Traçar o retângulo base com largura igual a 3/8 da cava (18,0) e altura igual ao comprimento da manga (60,0).

FIG. 1

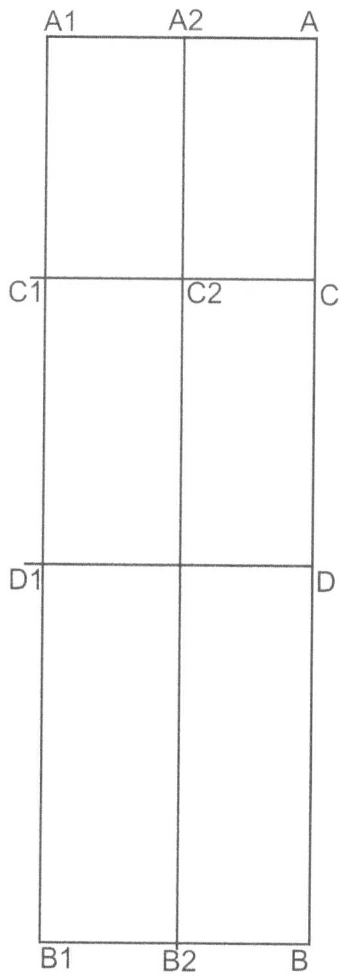

A – C ↓ 1/4 do contorno da cava + 4,0 cm (16,0)

A1 – C1 ↓ = medida **A – C** (16,0)

A – D ↓ altura do cotovelo = 1/2 do comprimento + 5,0 cm (35,0)

A1 – D1 ↓ = medida **A – D** (35,0)

A – A2 ← 1/2 **A – A1** (9,0)

B – B2 ← = medida **A – A2** (9,0)

FIG. 2

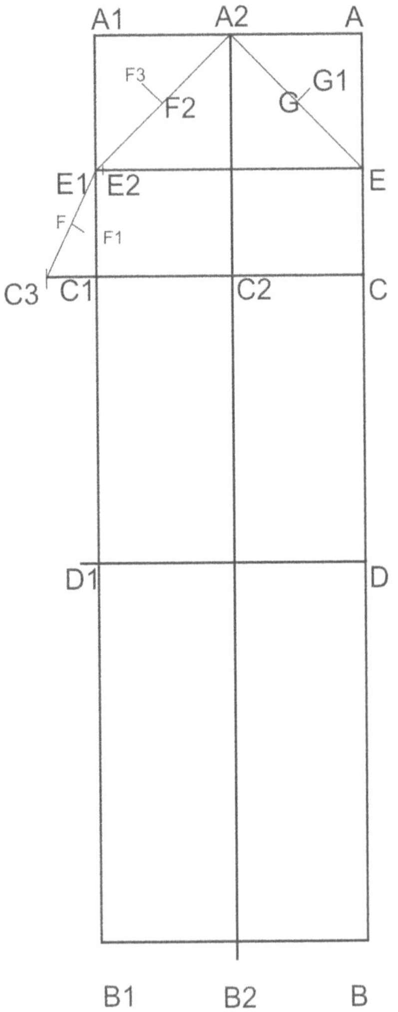

C – E ↑ 7,0 cm

C1 – E1 ↑ 7,0 cm

C1 – C3 ← 3,5 cm

E1 – E2 → 0,5 cm

C3 – F ↗ 1/2 **C3 – E1**

F – F1 ↘ 1,0 cm

E1 – F2 ↗ 1/2 **E1 – A2**

F2 – F3 ↖ 2,0 cm

A2 – G ↘ 1/2 **A2 – E**

G – G1 ↗ 1,25 cm

FIG. 3

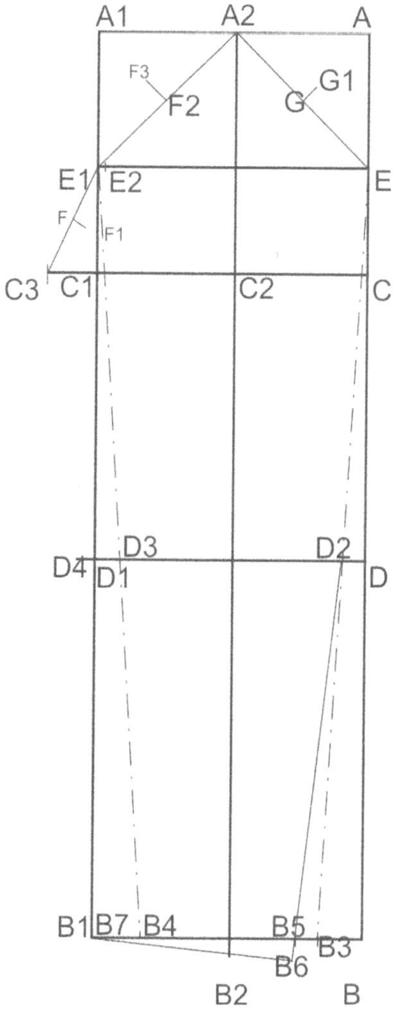

B2 – B3 → 1/4 do punho (6,0)

B2 – B4 ← 1/4 do punho (6,0)

Ligar o ponto **E** e o ponto **B3**, com uma linha reta auxiliar e determinar o ponto **D2** na linha do cotovelo, conforme o desenho.

Ligar o ponto **E1** e o ponto **B4**, com uma linha reta auxiliar e determinar o ponto **D3** na linha do cotovelo, conforme o desenho.

B3 – B5 ← 1,5 cm

Ligar **D2** e **B5** em linha reta e prolongar para baixo.

B5 – B6 ↙ 1,5 cm

B4 – B7 ← 3,0 cm

D3 – D4 ← 2,5 cm

FIG. 4

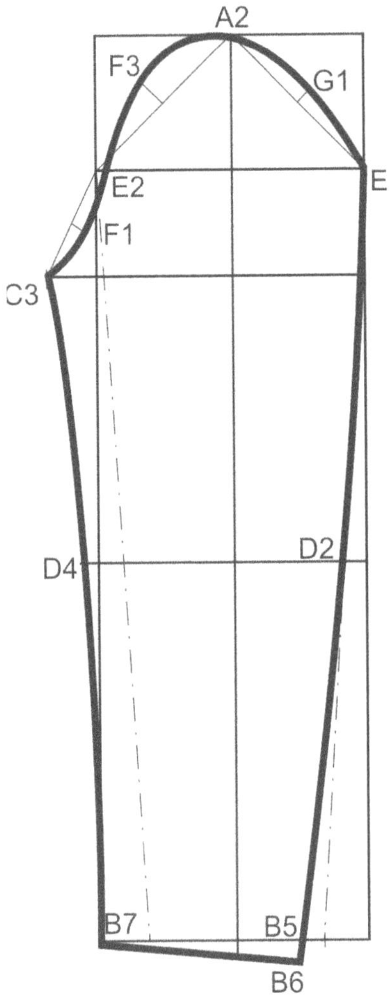

Ligar os pontos conforme a fig. 4, definindo o contorno da folha superior.

FIG. 5

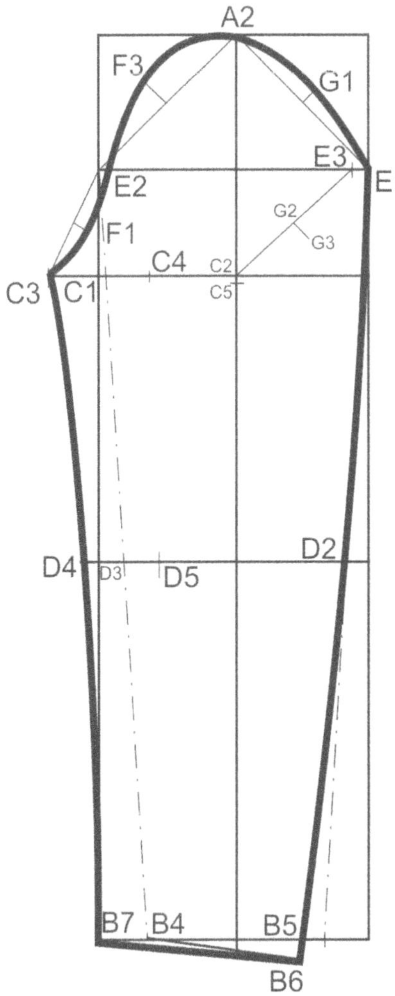

C1 – C4 → 3,5 cm

C2 – C5 ↓ 0,5 cm

E – E3 ← 1,0 cm

C2 – G2 ↗ 1/2 **C2 – E3**

G2 – G3 ↘ 1,5 cm

D3 – D5 → 2,5 cm

FIG. 6

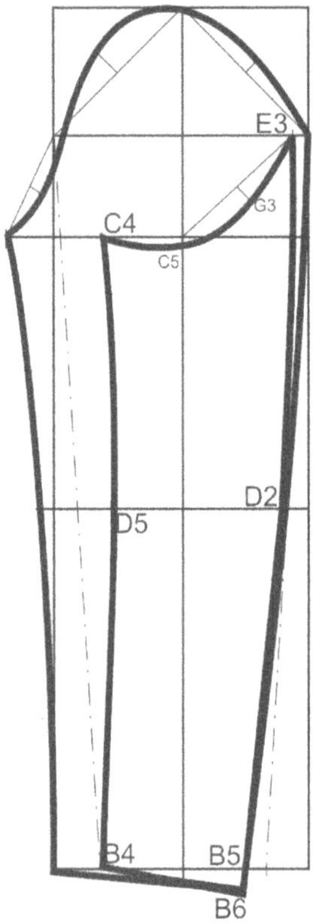

Ligar os pontos conforme a fig. 6, definindo o contorno da folha inferior.

FIG. 7

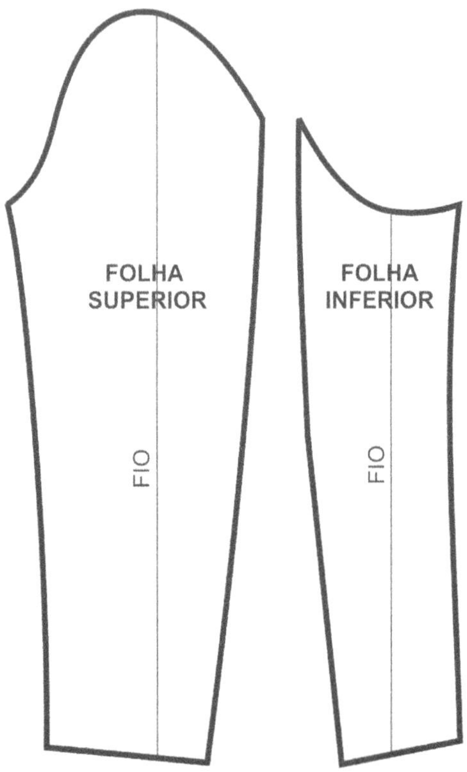

GOLAS

GOLAS POSTIÇAS

São todos os tipos de golas cortadas separadas da blusa. As bases para essas golas não são traçadas a partir do molde da frente da blusa.

São desenhadas em separado utilizando-se a medida do degolo onde a gola vai ser pregada.

Vamos traçar dois exemplos de golas postiças.

GOLA MILITAR

É um tipo de gola muito usada nos uniformes militares e também é comum na indumentária oriental, por isso também recebe os nomes de "Gola Mandarim" ou "Gola Chinesa".

Traçar o retângulo base com comprimento igual ao contorno do degolo, frente e costas, e largura igual à largura desejada da gola. Vamos usar a medida do degolo da base do corpo e a largura da gola igual a 4,0 cm.

FIG. 1

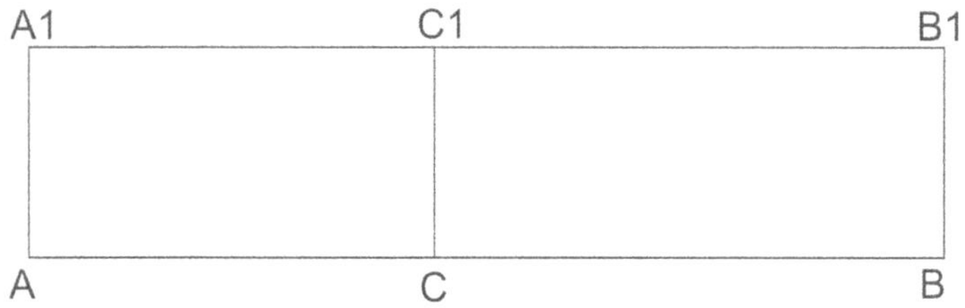

A – B → = medida do degolo (18,0)

A1 – B1 → = medida **A – B** (18,0)

A – A1 ↑ 4,0 cm

B – B1 ↑ = medida **A – A1** (4,0)

A – C → = medida do degolo das costas (8,0)

A1 – C1 → = medida **A – C** (8,0)

FIG. 2

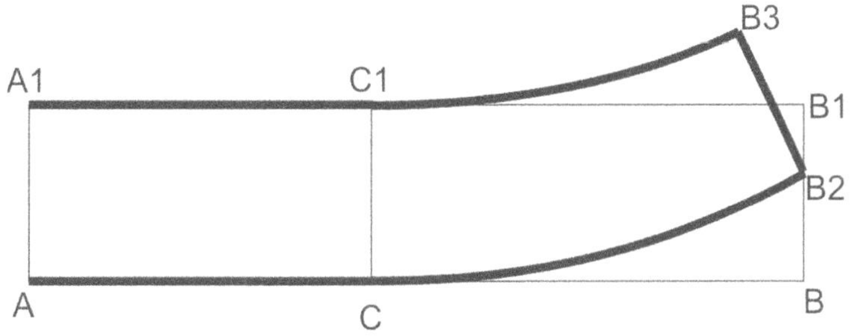

B – B2 ↑ 2,5 cm

Traçar uma curva ligando o ponto **B2** ao ponto **C**, concordando com a horizontal no ponto **C**, conforme o desenho.

Esquadrar a curva no ponto **C**.

B2 – B3 ↖ = medida **A – A1**

Ligar o ponto **C1** ao ponto **B3** com uma curva paralela à curva **C – B2.**

Definir o contorno conforme a fig. 2.

GOLA COLARINHO

Esse é o tipo de gola usada, principalmente, nas camisas sociais masculinas. É formada por duas partes: o "pé de gola" que é a parte pregada no degolo e o "colarinho" que é pregado no pé de gola.

Traçar o retângulo base com comprimento igual à medida do degolo, frente e costas, incluindo o transpasse, e a largura igual à desejada para o pé de gola. Vamos usar a medida do degolo da base do corpo e para transpasse 1,5 cm (considerando o transpasse pronto 3,0 cm).

Temos:

Degolo costas = 8,0 cm

Degolo frente = 10,0 cm

Transpasse = 1,5 cm

Largura do pé de gola = 3,0 cm

FIG. 1

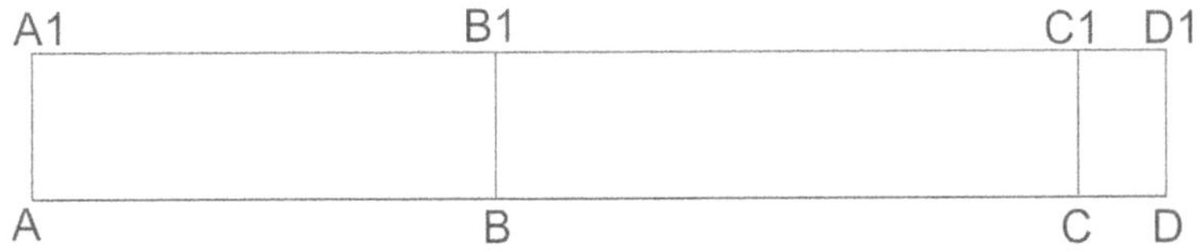

A – B → = medida do degolo das costas (8,0)

B – C → = medida do degolo da frente (10,0)

C – D → = metade do transpasse pronto (1,5)

A1 – B1 → = medida **A – B** (8,0)

B1 – C1 → = medida **B – C** (10,0)

C1 – D1 → = medida **C – D** (1,5)

A – A1 ↑ 3,0 cm

B – B1 = **C – C1** = **D – D1** ↑ = medida **A – A1** (3,0)

FIG. 2

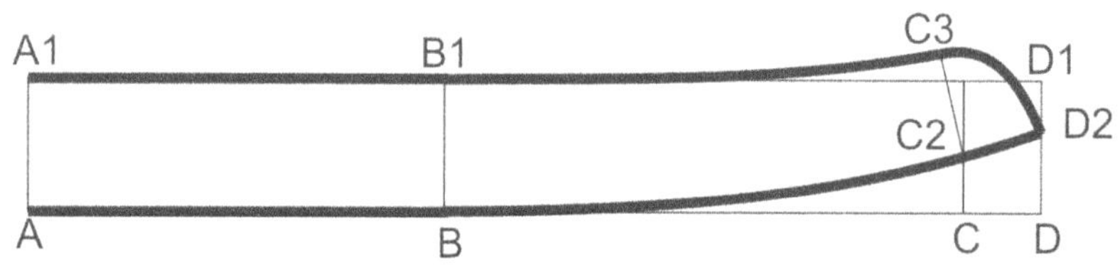

D – D2 ↑ 2,0 cm

Ligar o ponto **B** e o ponto **D2** em curva, concordando no ponto **B**, de acordo com o desenho.

Esquadrar a curva em **C2**.

C2 – C3 ↖ 2,5 cm

Ligar o ponto **B1** ao ponto **C3** em curva, concordando em **B1** e terminar o traçado unindo o ponto **C3** ao ponto **D2**, conforme a fig. 2, definindo o contorno do pé de gola.

FIG. 3

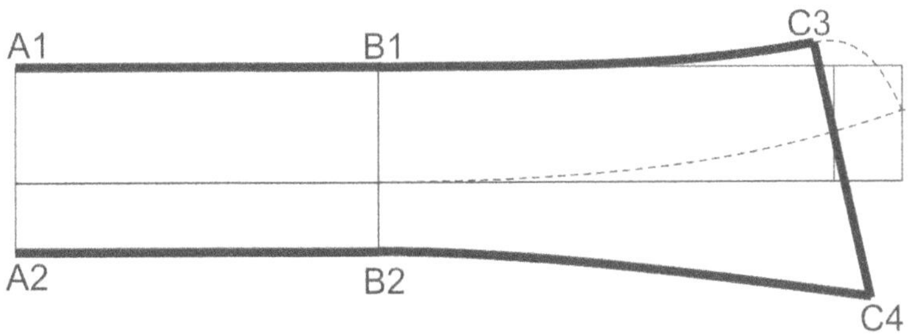

Para traçarmos o colarinho vamos usar o traçado do pé de gola. O colarinho deve ser, pelo menos, 1,0 cm mais largo que o pé de gola. No nosso caso vamos fazer com 1,5 cm a mais, isto é, 4,5 cm.

A1 – A2 ↓ 4,5 cm

B1 – B2 ↓ = medida **A1 – A2** (4,5)

Ligar o ponto **A2** e o ponto **B2** em linha reta. Prolongar a linha **C2 – C3** para baixo.

C3 – C4 ↘ 6,0 cm

Unir o ponto **B2** ao ponto **C4** em curva, concordando em **B2**, conforme o desenho. Definir o contorno.

GOLAS INTEIRAS

São tipos de golas que fazem parte da frente da blusa, isto é, a frente e a gola são cortadas numa peça só.

Para traçarmos uma base de gola inteira partimos do molde da frente da blusa. No nosso caso vamos usar a base da frente do corpo.

Vamos ver dois exemplos de golas inteiras com o mesmo caimento, com variação somente na forma da gola.

GOLA XALE OU SMOKING

FIG. 1

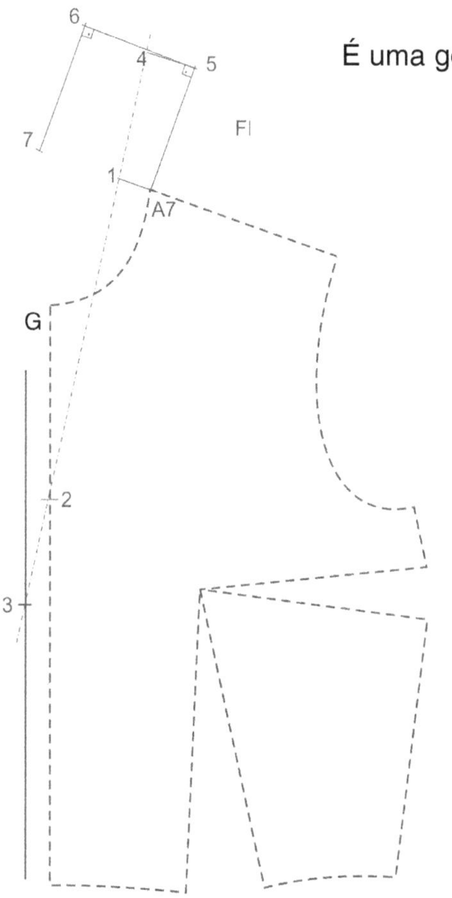

É uma gola inteira com formato arredondado.

Traçar a linha do transpasse do abotoamento, paralela ao meio da frente. A distância entre essas duas linhas deve ser a metade do transpasse desejado. Nesse caso vamos utilizar 2,0 cm, produzindo um transpasse de 4,0 cm.

Em seguida vamos prolongar a linha do ombro no ponto **A7**.

A7 – 1 ↖ 2,0 cm

O ponto **2** determina a altura do decote, 15 cm, por exemplo.

1 – 2 ↓ 15,0 cm

Ligar os pontos **1** e **2**, prolongando para baixo até encontrar a linha do transpasse, determinando o ponto **3**. Esse ponto define a altura do primeiro botão.

Prolongar essa linha também para cima para determinarmos o ponto **4**.

1 – 4 ↗ = medida do degolo das costas (8,0)

Traçar pelo ponto **4** uma paralela à linha do ombro, conforme a figura. Marcar sobre essa linha o ponto **5** com a medida escolhida para a largura da gola quando dobrada menos 1,0 cm. Isto é, se desejarmos que a gola fique pronta com uma dobra aparente de 4,0 cm, a medida **4 – 5** deve ser 3,0 cm.

4 – 5 ↘ 3,0 cm

A seguir, ligar o ponto **A7** ao ponto **5** em linha reta e esquadrar. Essa última linha corresponde ao centro das costas na gola. Nessa linha marcamos a largura total da gola, isto é, o dobro da largura da dobra aparente menos 1,0 cm. No nosso caso temos: (2 x 4,0) – 1,0 = 7,0 cm.

5 – 6 ↖ 7,0 cm

Esquadrar essa última linha no ponto **6** e marcar o ponto **7.**

6 – 7 ↙ = medida **5 – A7**

FIG. 2

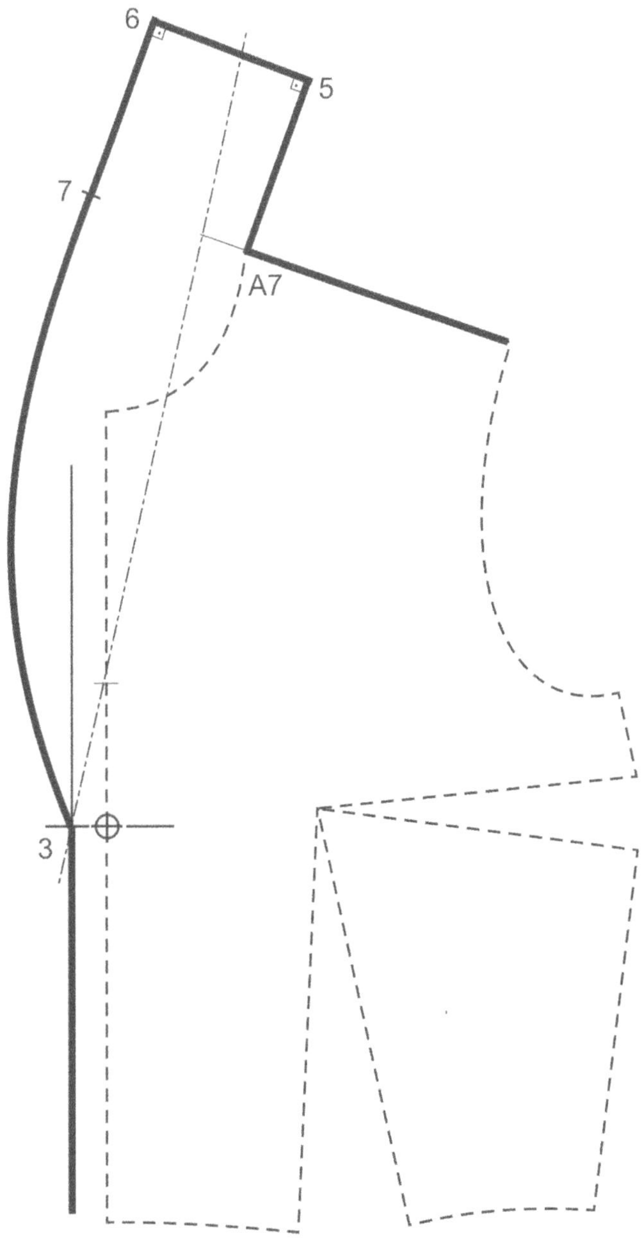

Só falta agora desenharmos a curva da gola. Para isso vamos ligar o ponto **7** ao ponto **3** em curva, definindo o contorno conforme a fig. 2.

GOLA INTEIRA EM PONTA

Essa gola difere da gola xale apenas no formato que, em vez de ser arredondado, forma uma ponta quando dobrada sobre a frente da blusa.

FIG. 1

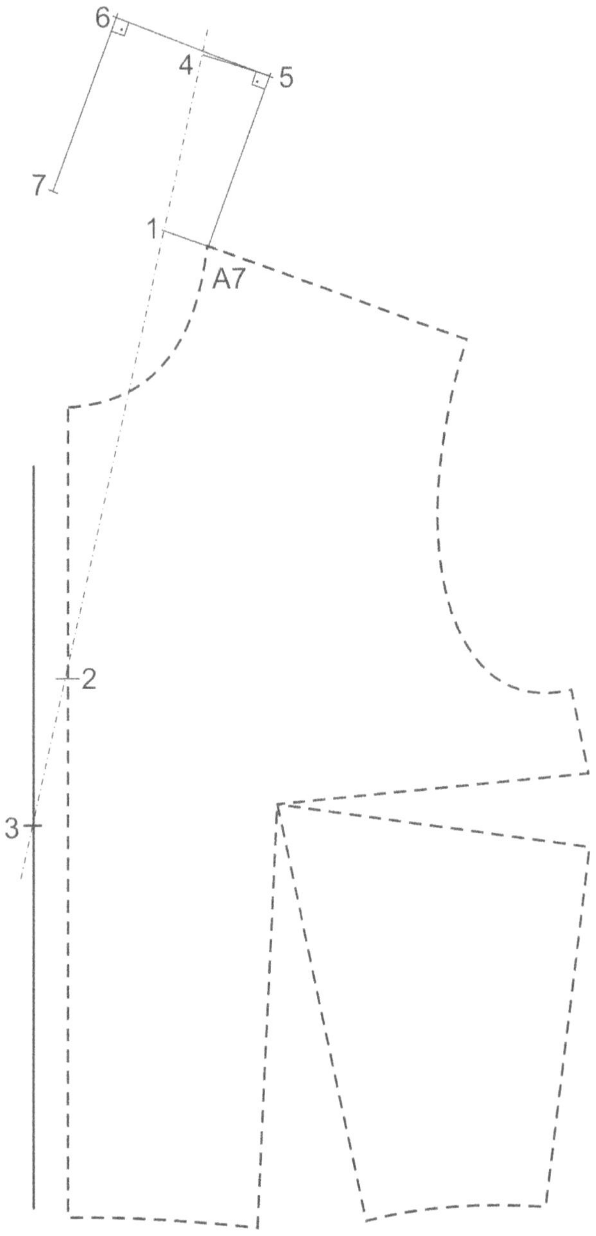

Usar o mesmo procedimento da gola xale até a marcação do ponto **7**.

FIG. 2

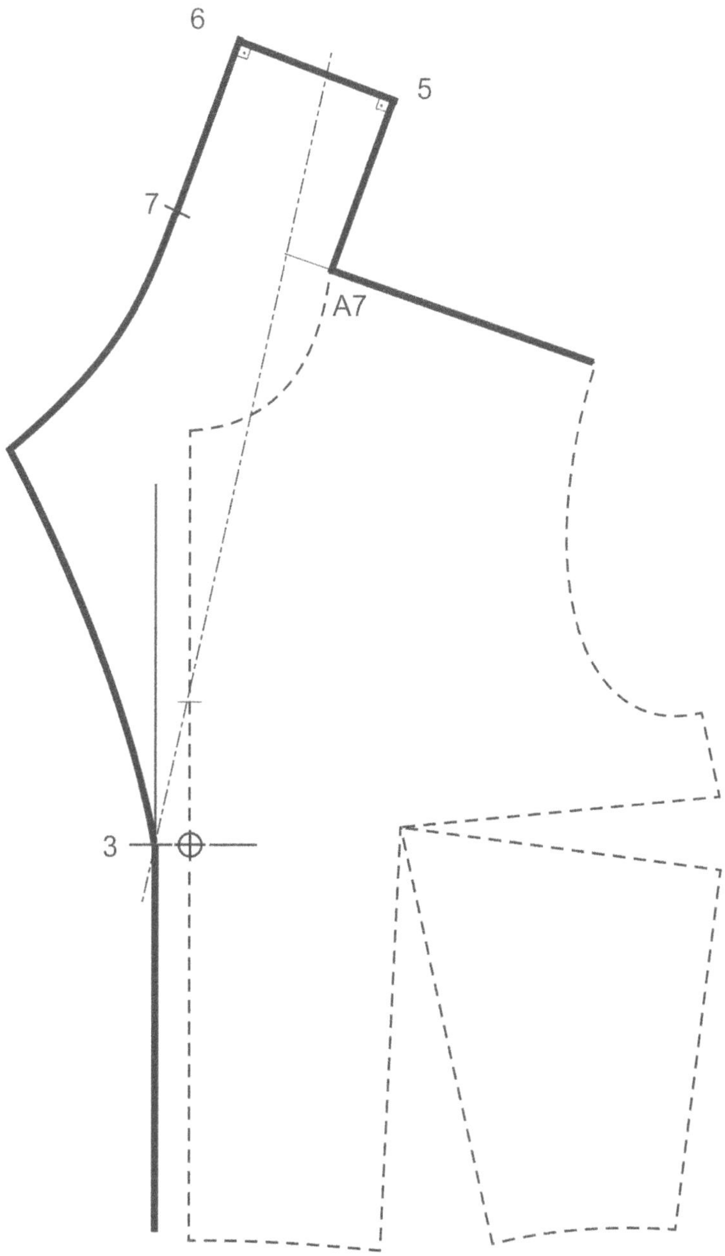

Para finalizarmos o traçado, precisamos marcar o ponto **8** de acordo com o tamanho e a forma da ponta desejada.

Ligar o ponto **7** ao ponto **8** e o ponto **3** ao ponto **8**, com curvas conforme a fig. 2, definindo o contorno.

GOLAS MISTAS

São golas compostas por uma parte que pertence à frente da blusa e outra parte postiça.

GOLA ESPORTE

É um tipo de gola mista porque quando dobrada é formada por duas partes: a parte de baixo que faz parte da frente da blusa, denominada “lapela”, e a parte de cima, que é a “gola” propriamente dita, cortada em separado.

Para traçarmos uma base de gola esporte, partimos do molde da frente da blusa. No nosso caso vamos usar a base da frente do corpo.

FIG. 1

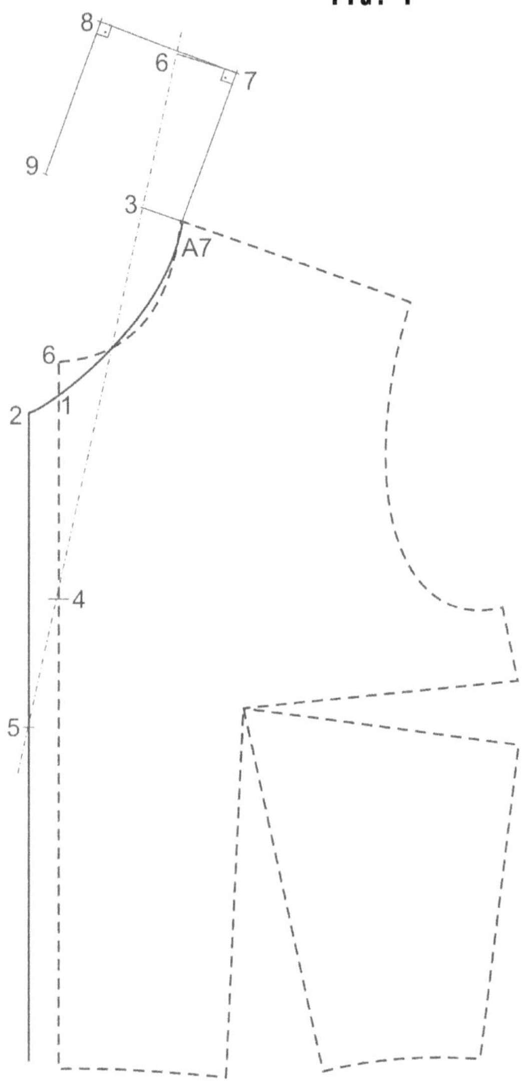

Inicialmente vamos abaixar o degolo no meio da frente, marcando o ponto **1.**

G – 1 ↓ 2,0 cm

Traçar uma nova curva, mais suave, do ponto **A7** em direção ao ponto **1**, afastando aproximadamente 0,5 cm da curva do degolo da base, conforme o desenho. Prolongar a curva até o ponto **2**, determinando a linha do transpasse do abotoamento, paralela ao meio da frente. A distância entre essas duas linhas deve ser a metade do transpasse desejado. Nesse caso vamos utilizar 2,0 cm, produzindo um transpasse de 4,0 cm.

Em seguida vamos prolongar a linha do ombro no ponto **A7**.

A7 – 3 ↖ 2,0 cm

O ponto **4** determina a altura do decote, 15 cm, por exemplo.

1 – 4 ↓ 15,0 cm

Ligar os pontos **3** e **4**, prolongando para baixo até encontrar a linha do transpasse, determinando o ponto **5**. Esse ponto define a altura do primeiro botão.

Prolongar essa linha também para cima, para determinarmos o ponto **6**.

3 – 6 ↗ = medida do degolo das costas (8,0)

Traçar pelo ponto **6** uma paralela à linha do ombro, conforme a figura. Marcar sobre essa linha o ponto **7** com a medida escolhida para a largura da gola, quando dobrada, menos 1,0 cm. Isto é, se desejarmos que a gola fique pronta com uma dobra aparente de 4,0 cm, a medida **6 – 7** deve ser 3,0 cm.

6 – 7 ↘ 3,0 cm

A seguir ligar o ponto **A7** ao ponto **7**, em linha reta e esquadrar. Essa última linha corresponde ao centro das costas na gola. Nessa linha marcamos a largura total da gola, isto é, o dobro da largura da dobra aparente menos 1,0 cm. No nosso caso temos: (2 x 4,0) (2 x 4,0) – 1,0 = 7,0 cm.

7 – 8 ↖ 7,0 cm

Esquadrar essa última linha no ponto **8** e marcar o ponto **9.**

8 – 9 ↙ = medida **7 – A7**

FIG. 2

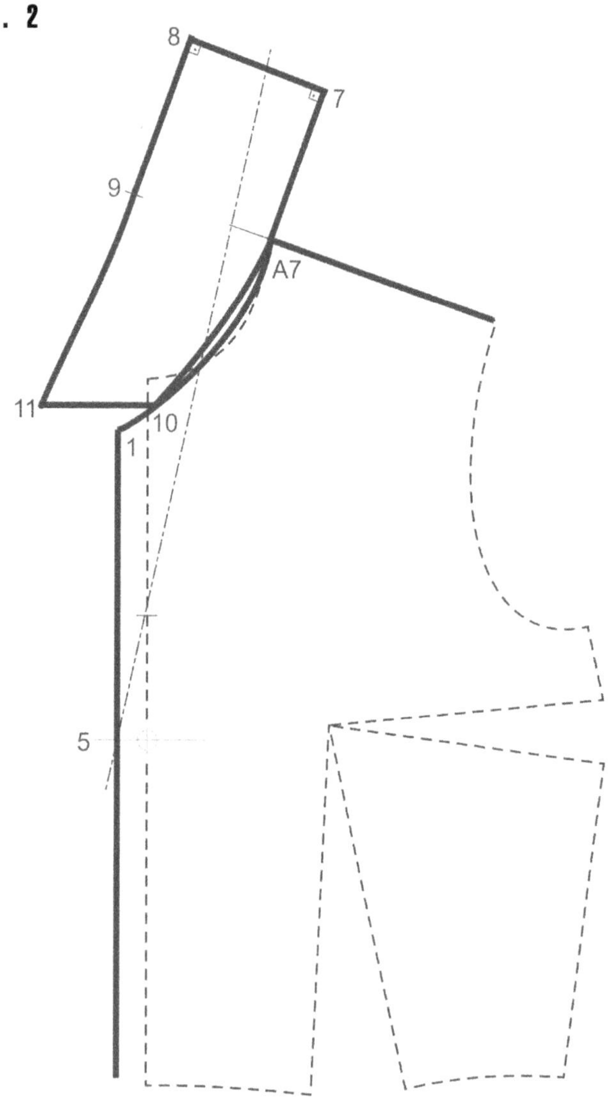

Só falta agora desenharmos a ponta da gola. Para isso vamos marcar o ponto **10**, sobre a curva do degolo, distante do ponto **1** de 0,5 cm a 1,0 cm.

1 – 10 ↗ 0,5 cm (ou 1,0 cm)

O formato da gola vai ser determinado pelo ponto **11**, que vamos marcar de acordo com a aparência desejada.

Ligar o ponto **9** ao ponto **11** com uma curva bem suave e o ponto **10** ao ponto **11** em linha reta.

Para fecharmos o traçado da gola vamos ligar o ponto **A7** ao ponto **10** em curva. Essa curva deve ser menos acentuada que a curva do degolo e para isso afastamos aproximadamente 0,5 cm da outra, de acordo com a fig. 2, definindo o contorno.

CAIMENTOS DAS GOLAS

Caimento da gola é o modo como ela contorna o pescoço e assenta sobre os ombros, dependendo da forma que ela é cortada.

Uma gola cortada totalmente reta resulta numa gola em pé. Quanto mais o molde se torna curvo, mais ela ficará assentada sobre os ombros.

FIG. 1

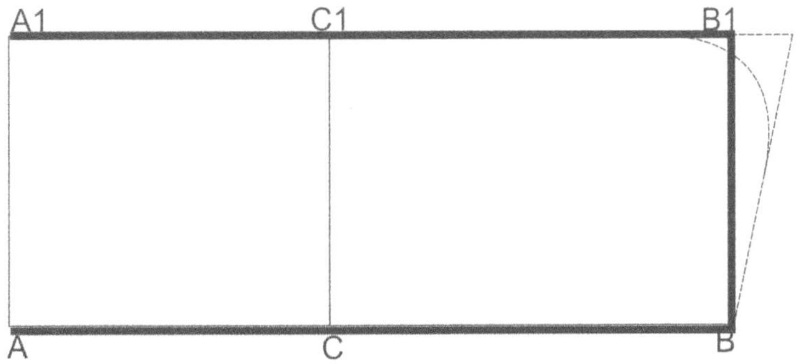

A fig. 1 mostra uma gola reta, isto é, totalmente em pé. Se ela for aberta na frente, vai subir na parte traseira do pescoço e nas laterais. Caso seja totalmente fechada, vai tomar forma de uma gola de palhaço ou uma gola rulê, dependendo da abertura do decote onde for costurada.

FIG. 2

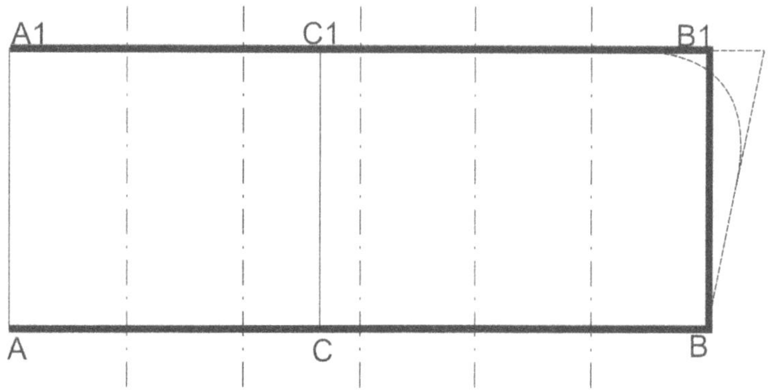

Se quisermos que ela seja mais assentada, precisamos dar mais forma a ela, utilizando o processo representado na fig. 2, dividindo o molde da gola em várias partes. Em seguida abrimos em forma de leque, sem aumentarmos a medida na parte que será unida ao decote, conforme representado nas figuras seguintes.

FIG. 3

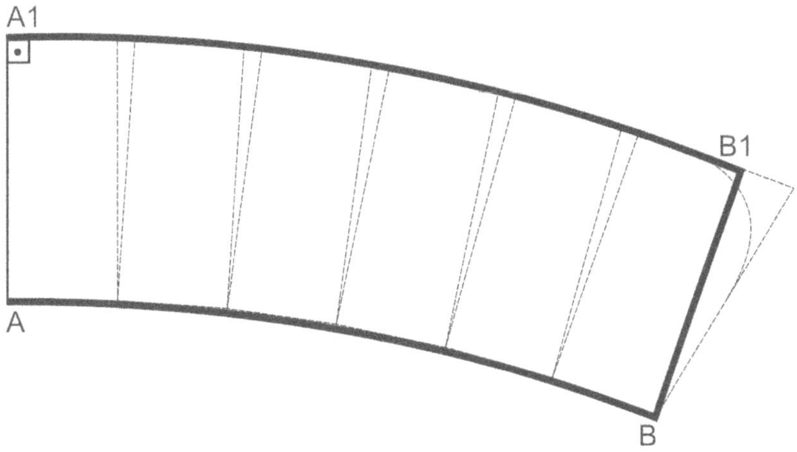

FIG. 4

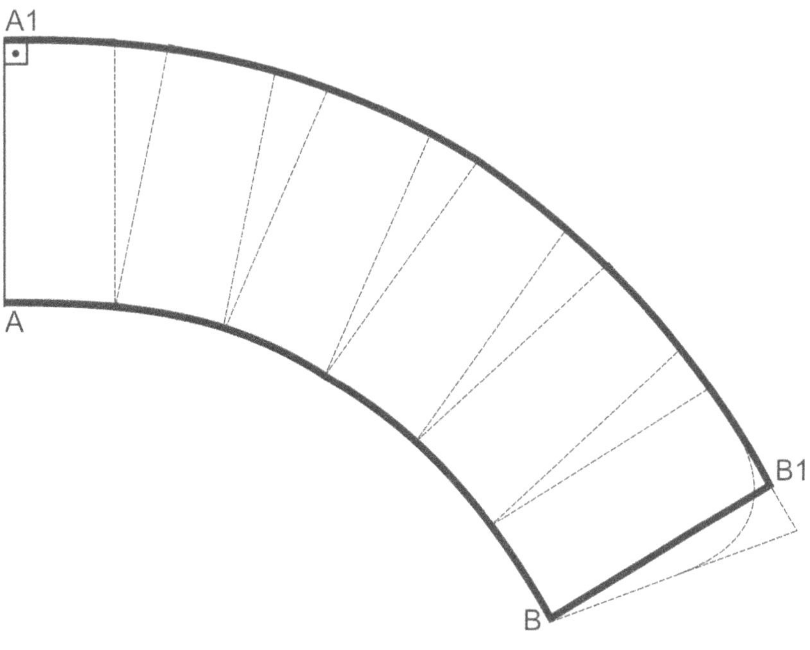

Quanto maior for a distância entre as partes do molde, maior será a curvatura da gola e consequentemente mais ela cairá sobre os ombros.

FIG. 5

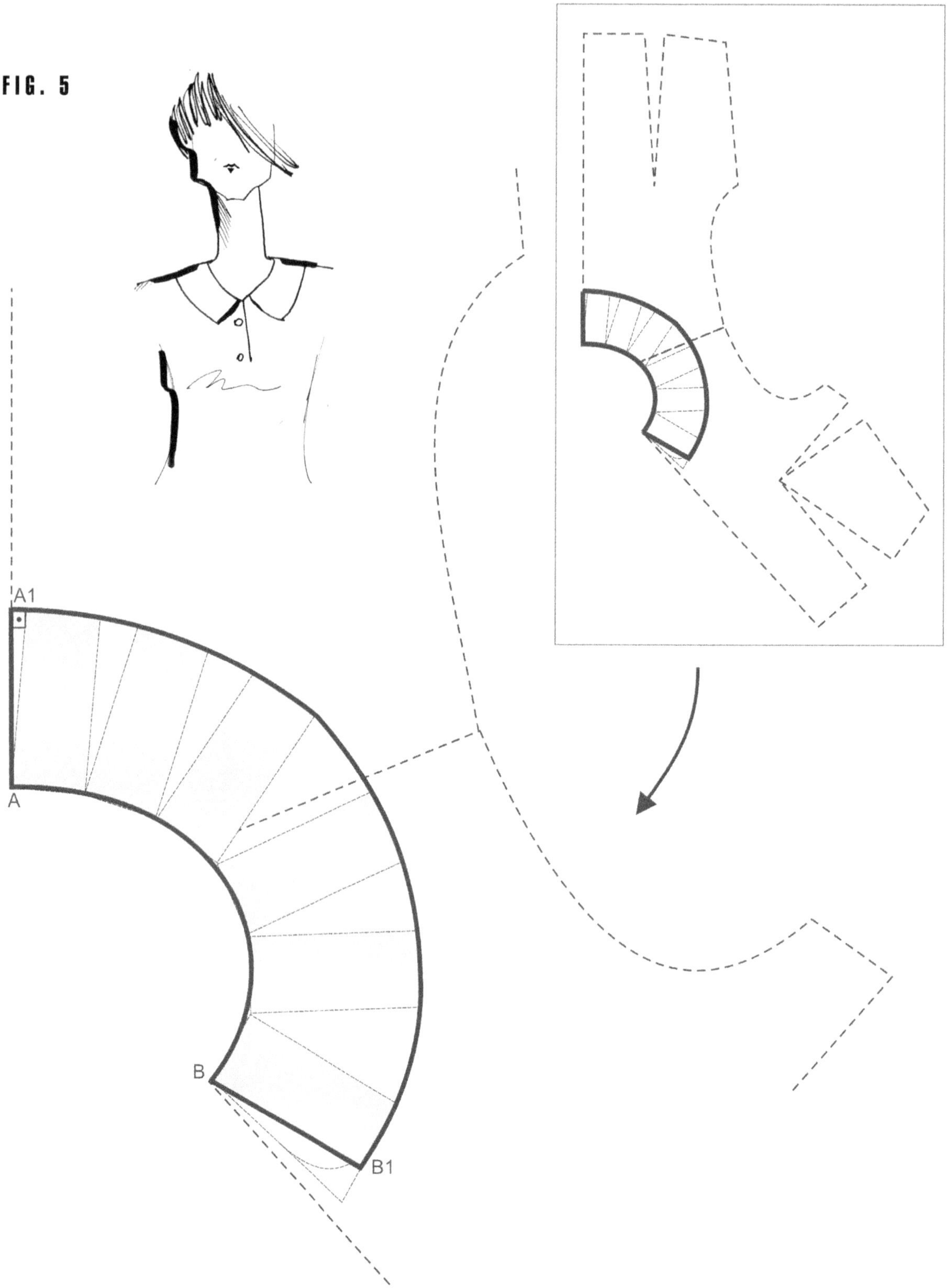

O máximo de abertura que a gola pode chegar está representado na fig. 5 e corresponde, como já haviamos dito, à própria curva do decote.

Caso aumentemos ainda mais a curvatura, a gola passará a formar gomos transformando-se num babado godê.

BASE DE CALÇA

BASE DE CALÇA (manequim 40)

Quadril = 96,0

Cintura = 68,0

Altura do quadril = 20,0

Altura do gancho = 26,0

Joelho = 44,0

Boca = 40,0

OBS.: As medidas entre parênteses utilizadas nos traçados correspondem ao manequim 40. As demais medidas, que não estão entre parênteses, servem para todos os manequins da tabela.

Traçar o retângulo base com largura igual à 1/4 do quadril (24,0) e altura igual ao comprimento da calça (100,0).

FIG. 1

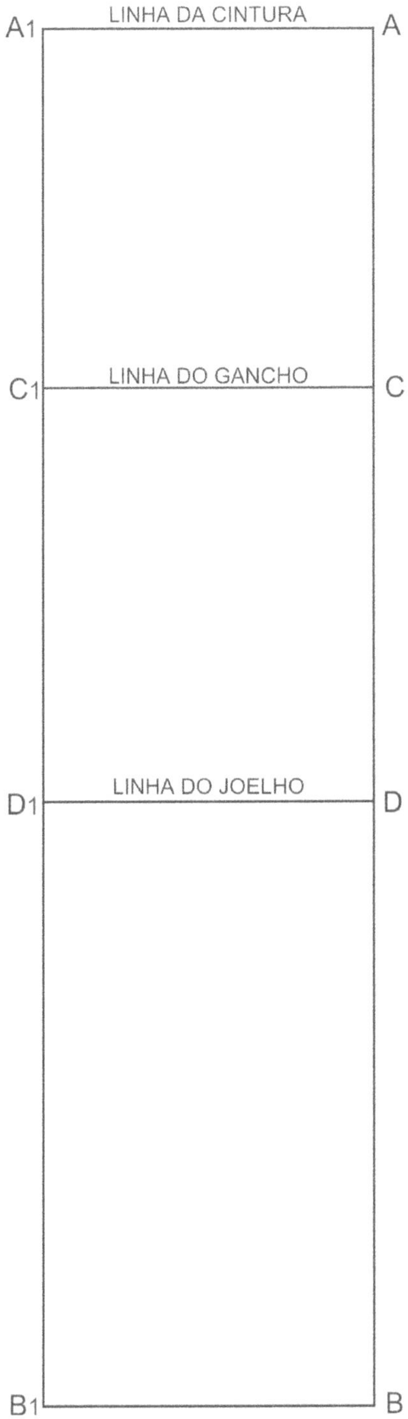

A – C ↓ 3/4 da medida **A – A1** + 8,0 cm altura do gancho (26,0)

A1 – C1 ↓ = **A – C** (26,0)

A – D ↓ 1/2 do comprimento + 8,0 cm altura do joelho (58,0)

A1 – D1 ↓ = **A – D** (58,0)

TRAÇADO FRENTE

FIG. 2

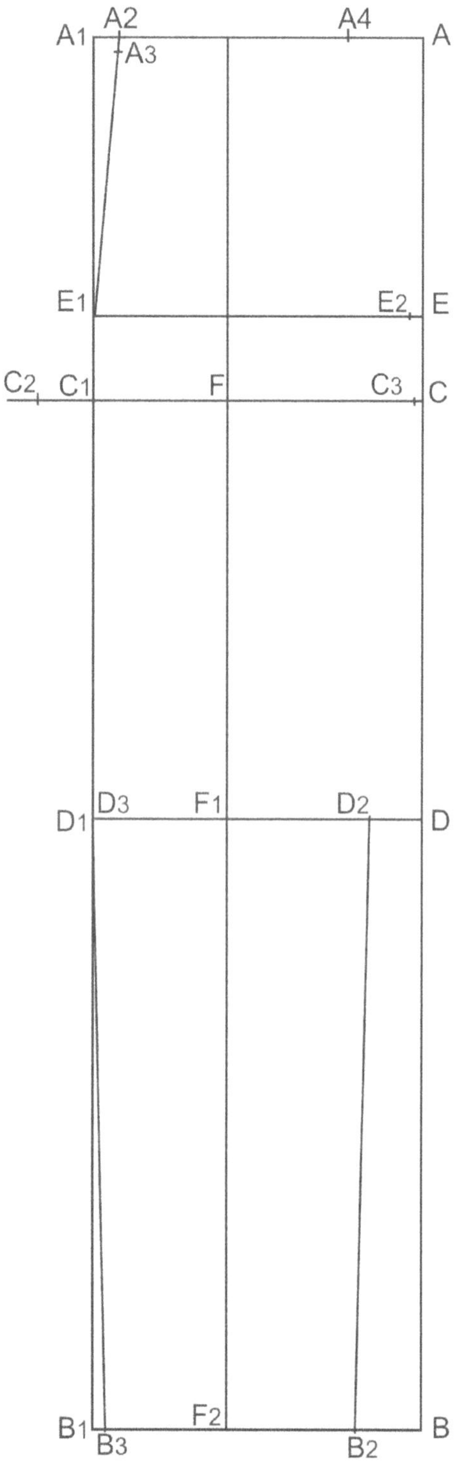

C – E ↑ 1/4 **A – A1** (6,0)

C1 – E1 ↑ = **C – E** (6,0)

A1 – A2 → 2,0 cm

A2 – A3 ↓ 1,0 cm

C1 – C2 ← 1/4 **A – A1** – 2,0 cm (4,0)

C – F ← 1/2 **C – C2** (14,0)

D – F1 ← = **C – F** (14,0)

B – F2 ← = **C – F** (14,0)

A2 – A4 → 1/4 da cintura (17,0)

E – E2 ← 0,5 cm

C – C3 ← 0,5 cm

F1 – D2 → 1/4 do joelho – 1,0 cm (10,0)

F1 – D3 ← = **F1 – D2** (10,0)

F2 – B2 → 1/4 da boca – 1,0 cm (9,0)

F2 – B3 ← = **F2 – B2** (9,0)

FIG. 3

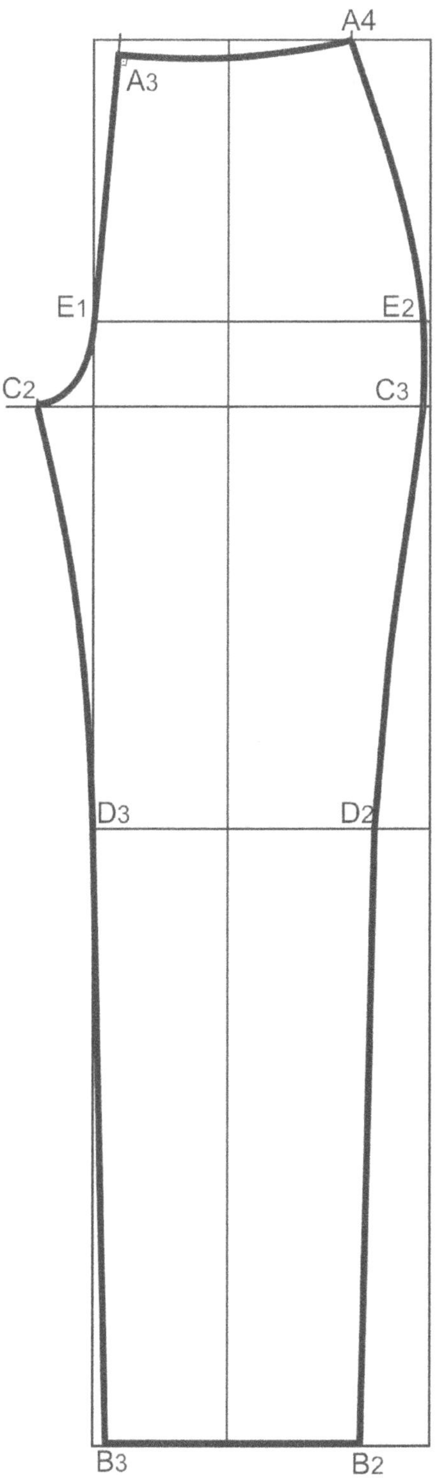

Ligar os pontos com as curvas conforme a fig. 3 e definir o contorno da frente.

TRAÇADO DAS COSTAS

FIG. 4

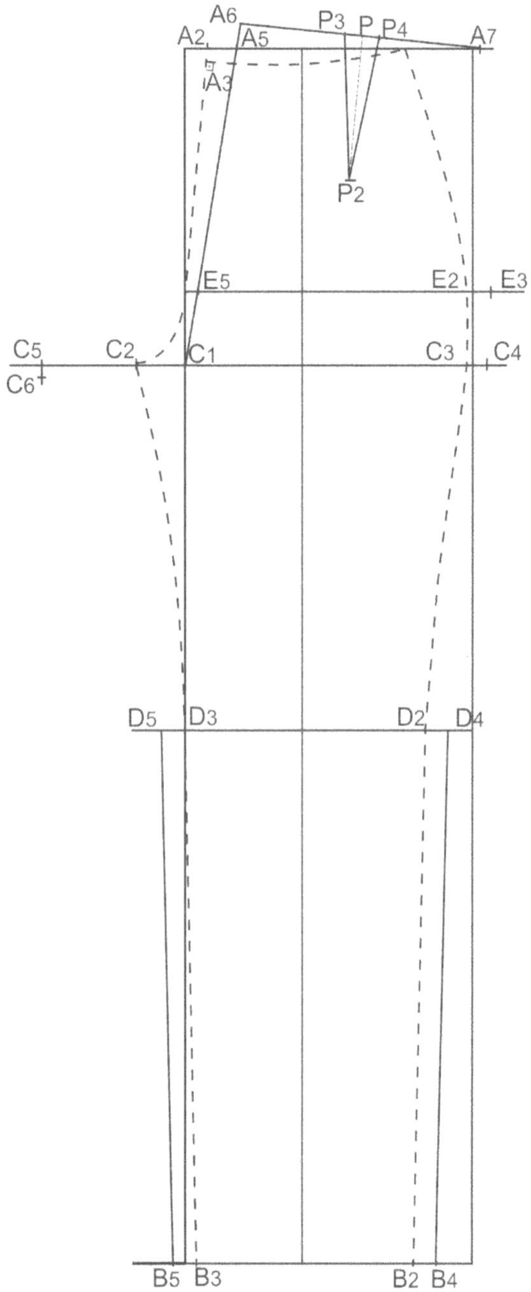

B2 – B4 → 2,0 cm

B3 – B5 ← 2,0 cm

D2 – D4 → 2,0 cm

D3 – D5 ← 2,0 cm

C3 – C4 → 2,0 cm

E2 – E3 → 2,5 cm

C2 – C5 ← 1,5 x medida **C1 – C2** (6,0)

C5 – C6 ↓ 1,0 cm

A2 – A5 → 2,5 cm

A5 – A6 ↗ 2,0 cm

A6 – A7 ↘ 1/4 da cintura + 3,0 cm (20,0)

A6 – P ↘ 1/2 **A6 – A7**

P – P2 ↙ 12,0 cm

P – P4 ↘ 1,5 cm

P – P3 ↖ 1,5 cm

FIG. 5

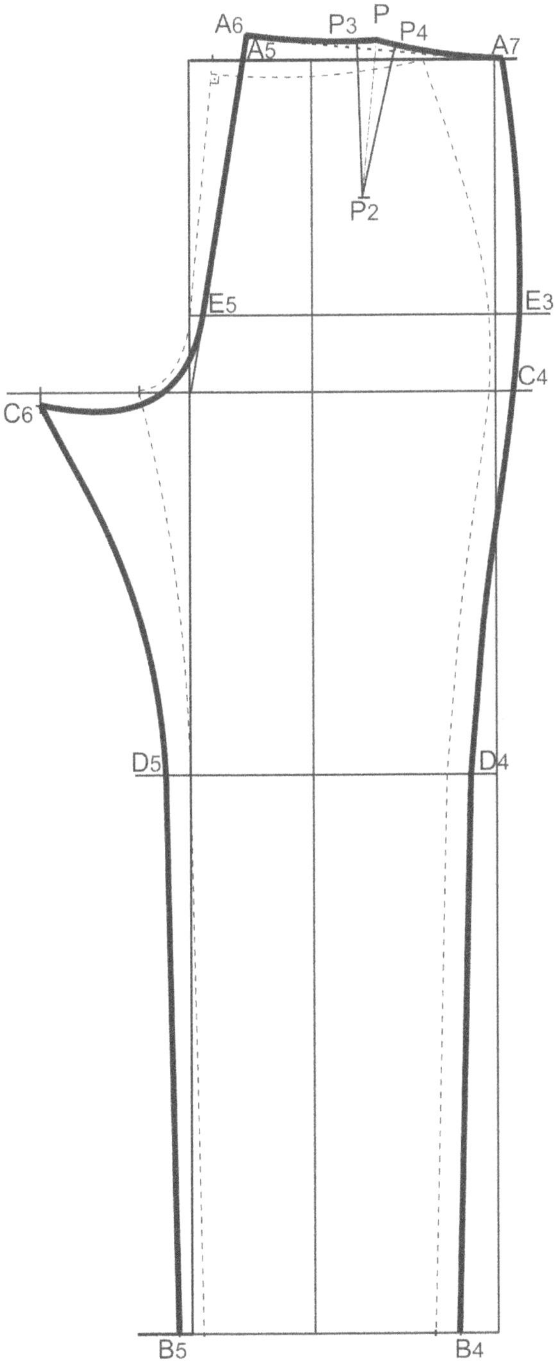

Ligar os pontos com curvas conforme a fig. 5 e definir o contorno das costas. Na linha da cintura fechar a pence e unir **A6** e **A7** com a curva de alfaiate conforme o desenho.

BIBLIOGRAFIA

ARMSTRONG, Helen Joseph. **Patternmaking for fashion design**. New York: HarperCollins, 1995. 814 p. Il.

BRANDÃO, Gil. **Aprenda a costurar**. Rio de Janeiro: Edições Jornal do Brasil, 1964.

CHILOT-UCHIYUAMA, Marie Noelle. **Methode de coupe**: vetements feminins, ESMOD. Paris: MPGL, 1985.

www.ingramcontent.com/pod-product-compliance
Ingram Content Group UK Ltd.
Pitfield, Milton Keynes, MK11 3LW, UK
UKHW060833230826
14625UKWH00007B/1965

9 786555 362510